여덟 가지 삶의 태도

나폴레온 힐의 마지막 인생 강의

여덟 가지 삶의 태도

나폴레온 힐 지음 | **유혜인** 옮김

NAPOLEON HILL
IS ON THE AIR

흐름출판

"장애물이 가장 적은 길을 택하면
강은 굽어지고 사람은 비뚤어집니다."

버지니아주 남서부 산악지대 출신의 젊은 잡지 기자 나폴레온 힐이 미국의 철강왕 앤드루 카네기를 인터뷰했을 때의 이야기입니다. 카네기는 똑똑하고 야망 있는 청년 나폴레온에게 호감을 느꼈고 사흘간의 인터뷰가 끝날 무렵 한 가지 질문을 합니다. 미국을 이끈 위인들이 개발하고 실천한 인생 철학을 20년 동안 무보수로 연구해 책으로 써보지 않겠느냐고요. 나폴레온은 조금 두려웠지만 주저 없이 그러겠노라 대답했습니다. 연구를 시작하면 반드시 끝내겠다는 약속과 함께 말이죠.

정말로 연구를 완성한 나폴레온은 1908년 카네기를

인터뷰한 날로부터 20년이 지나 첫 작품 『나폴레온 힐 성공의 법칙Law of Success』을 출간합니다. 이어 1937년에 나온 『놓치고 싶지 않은 나의 꿈 나의 인생Think and Grow Rich』은 역사상 가장 많이 팔린 처세서라는 기록을 세웠어요. 나폴레온은 이후 여러 권의 자기계발서를 출간하고 미국 전역을 돌아다니며 강연을 하는 데 수십 년을 바쳤습니다.

60대 후반이 되어 은퇴 비슷한 생활을 즐기고 있던 1950년대의 어느 날, 시카고 보험업계의 거물 W. 클레멘트 스톤W. Clement Stone이 나폴레온을 찾아왔습니다. 스톤은 이제 '박사님'이 된 나폴레온에게 라디오와 텔레비전으로 강연을 해보라고 설득했습니다. 늘 새로운 청중에게 자신의 철학을 전파하고자 했던 힐 박사는 제안을 받아들였고 전국적으로 다양한 방송을 진행하기 시작합니다.

1962년에는 부인과 함께 나폴레온힐재단을 설립했습니다. 힐 박사의 원칙을 후대에 전하기 위해서였지요. 그는 1970년에 세상을 떠났지만 부부가 세운 재단은 오늘날까지 수많은 언어로 전 세계에 힐 박사의 가르침을 전파하고 있습니다. 1997년부터 나폴레온힐재단의 이사로 일한 저는 2000년에 재단 이사장에 취임했습니다.

몇 년 전, 우연히 저는 재단 자료실 구석에서 먼지를 뒤집어쓰고 있던 라디오·텔레비전 강연 녹화 테이프와 녹취록을 발견했습니다. 한 번도 세상에 공개되지 않은 자료였지요. 재단 이사들은 이 자료를 되살릴 수 있는 기회라며 흥분했습니다. 이것이 '나폴레온 힐은 방송 중Napoleon Hill Is on the Air'이라는 도서 시리즈의 탄생 배경입니다. 그중에서도 이 책은 힐 박사가 1952년 미주리주 패리스에서 매주 진행한 라디오 방송을 정리한 것입니다.

나폴레온 힐은 어쩌다 패리스 같은 소도시에서 라디오 방송을 진행하게 됐을까요? 이 질문에 대한 답은 힐 박사가 20년 연구로 개발한 열일곱 가지 인생 원칙 중 하나를 증명하는 사례이기도 합니다. 모든 시련에는 그에 상응하는 보상의 씨앗이 들어 있다는 원칙 말이에요. 그때 힐 박사는 미시시피강 인근 대도시인 세인트루이스에서 세미나를 열고도 수익을 내지 못하는 상황이었습니다. 참가비로 얻은 수익보다 홍보에 쓰인 비용이 더 많았어요. 그날 청중석에는 오래전부터 힐 박사의 팬이었던 패리스의 사업가 빌 로빈슨Bill Robinson이 와 있었습니다. 그때 로빈슨은 힐 박사를 패리스로 초대해 강연회를 열면 좋겠다는 아이디어를 떠올립니다.

당시 패리스는 인구가 1400명밖에 되지 않았습니다. 솔트강이 갈라지는 곳에 위치한 미주리주 북동부 시골 마을은 주변 대도시에서 뚝 떨어져 있었어요. 그나마 가장 가까운 세인트루이스로 나가려면 200킬로미터 넘게 이동해야 했죠. 청년층은 일자리를 찾아 속속 대도시로 떠나고 있었습니다.

마을의 쇠퇴를 우려한 로빈슨은 주민 100여 명이 몇 주 동안 힐 박사의 강연을 들을 수 있도록 강연회를 준비합니다. 강연은 지역 라디오를 통해 방송될 예정이었고, 힐 박사에게 제시된 보수는 1만 달러였어요. 강연이라고 해봐야 약장수 쇼일 거라는 회의론이 패리스 내에 돌았지만 힐 박사는 강렬한 메시지로 주민을 사로잡았습니다.

방송에 자극을 받은 패리스 사람들은 삼삼오오 모여 토론 모임을 만들었습니다. 지역 목사는 힐 박사의 가르침을 바탕으로 설교를 했고요. 강연의 직접적인 영향으로 작은 마을에 신생 사업체가 열 곳이나 생겨났습니다. 힐 박사는 방송 1년 후 패리스에 사는 한 노인이 자신의 철학 강연을 두고 이렇게 말하는 걸 들었다고 합니다. "이 동네에서 이렇게 많은 사람에게 큰 영향을 준 사건은 거의 50년 만에 처음이라오."

「패리스에 울려 퍼진 새로운 소리A New Sound in Paris」라는 영화도 만들어졌습니다. 힐 박사의 강연이 작은 마을에 일으킨 변화를 기록한 다큐멘터리 영화였죠. 수십만 명이 영화를 봤고 힐 박사의 성공 철학은 더더욱 멀리 뻗어나갔습니다. 필름이 손실되어 지금은 영화를 볼 수 없다는 것이 안타까울 따름입니다.

나폴레온 힐은 패리스를 사랑했습니다. 작지만 살기 좋은 마을이었어요. 인근 마을인 미주리주 플로리다는 마크 트웨인의 고향이기도 합니다. 정직하고 강단 있고 열심히 일하는 중서부 특유의 문화는 마크 트웨인의 책에도 잘 표현되어 있습니다. 미국이 사랑하는 화가 노먼 록웰도 1946년 『새터데이이브닝포스트』에 실은 유명한 그림으로 패리스 지역 신문사의 바쁜 일상을 묘사했었지요. 지역 풍경을 한층 더 아름답게 해주는 구불구불한 솔트강은 세 갈래로 갈라졌다가 거대한 미시시피강에서 다시 하나로 만납니다. 갈라진 지류 하나는 미주리에 몇 개밖에 없는 지붕다리 아래를 지나가고요.

나폴레온 힐은 언젠가 이렇게 말했습니다. "장애물이 가장 적은 길을 택하면 강은 굽어지고 사람은 비뚤어집니다." 구불구불하게 흐르는 솔트강이 딱 그렇습니다. 하지만 나폴레온 힐이 노력한 덕분에 패리스 주민은 다행히 그렇게 되지 않았습니다. 비뚤어지지 않고 나와 내 가족, 우리 지역사회의 성공과 행복을 위해 열심히 땀을 흘렸어요.

그때의 라디오 강연을 최초로 엮은 이 책을 읽다 보면 장애물이 적은 길로만 걸어온 사람들을 마주치게 될 겁니다. 하지만 힐 박사는 성공 원칙의 힘을 빌려 그 길을 거부할 수 있는 방법을 제시합니다.

본 강연은 열일곱 가지 성공 원칙 중에서도 힐 박사가 패리스 주민을 위해 엄선한 몇 가지 원칙만 다루고 있습니다. 제1장의 주제는 명확한 목표입니다. 힐 박사의 팬이라면 다들 알다시피 가장 중요한 성공 원칙이죠. 제2장에서는 정확한 사고의 중요성을 집중적으로 알아봅니다. 제3장에서는 성공하는 데 '실행하는 믿음'이 왜 필요한지 설명하고 제4장에서는 왜 실패하는지, 어떻게 하면 끈기와 결단력으로 실패의 원인을 극복할 수 있는지 소개합니다. 이어서 제5장과 제6장에서는 자기 수양이 성공의 필수 요소인 이유를 살펴보고, 제7장에서 호감을 주는 성품이 성공을 결정하는 이유를 자세히 설명합니다. 마지막 제8장의 주제는 놀라운 습관의 힘cosmic habit force입니다. 열일곱 가지 성공 원칙 가운데 놀라운 습관의 힘은 힐 박사가 처음 발견하기 전까지 아무도 존재를 몰랐던 개념이라고 해요.

우선 명확한 목표를 다룬 편에서는 자연법칙이 명확한 목표와 계획을 어떻게 반영하는지 알아봅니다. 우리가 계획을 실행하고 목표를 달성하도록 만드는 아홉 가지 기본 동기도 자세히 살펴보고요. 정확한 사고 편에서는 연역적 추론과 귀납적 추론에 어떤 차이가 있는지, 중요한 사실과 중요하지 않은 사실을 어떻게 구분하는지 보여줍니다. 타인의 말이나 의견에 "그걸 어떻게 아세요?"라는 간단한 질문으로 이의를 제기해야 하는 이유도 자세히 나와 있어요. 힐 박사는 거짓에는 항상 경고음이 따라온다고 주장합니다. 또한 감정을 비롯해 정확한 사고를 가로막는 요인을 나열하고 "정확한 사고는 냉혹한 사고다"라는 결론을 내립니다.

실행하는 믿음 편에서는 명확한 핵심 목표, 마스터마인드 동맹(mastermind alliance, 여러 사람이 마음을 모으고 목표를 이루기 위해 협력 정신으로 함께 노력하는 모임-옮긴이), 시련을 통해 얻은 교훈으로 실행하는 믿음을 키우는 법을 알아봅니다. 실행하는 믿음으로 인류에 기여한 여러 기업가와 발명가의 사례도 만나볼 수 있습니다.

그다음 장에서는 관점을 바꿔 실패의 원인을 설명합니다. 실패를 부르는 주요 원인을 살펴본 후 끈기와 결단력으로 실패의 원인을 극복한 구체적인 사례도 소개합니다. 힐 박사는 이 장에서 독자들에게 힘들어도 마음을 굳게 먹고 실패의 원인에 굴복하지 말아달라고 부탁합니다. 자기 수양 편에서는 힐 박사가 직접 자기 수양으로 극복한 열세 가지 문제를 알아봅니다. 자기 수양을 통해 시간을 분배하고 활용해야 하는 이유가 특히 설득력 있어요.

그다음에는 호감 가는 성품의 스물다섯 가지 요인을 나열하고 독자에게 모든 요인마다 자신의 점수를 매겨보라고 합니다. 힐 박사 본인도 항상 만점은 아니라고 해요. 어떤 사람이 기준에 부합하는지 사례를 소개하고, 호감 가는 성품을 원한다면 하지 말아야 할 열다섯 가지 행동도 알아봅니다.

마지막 장에서는 놀라운 습관의 힘을 다룹니다. 힐 박사가 『놓치고 싶지 않은 나의 꿈 나의 인생』을 쓰고 1년 반이 지난 후 처음으로 책을 다시 읽었을 때 발견한 개념이지요. 놀라운 습관의 힘을 통해 얻은 습관은 핵심 목표를 성취하는 수단이 됩니다. 이 원칙을 이용해 목표를 이루는 방법도 여러 가지 나와 있습니다.

이 책에 나온 정보는 불변의 진리로, 독자 여러분께도 유익할 것입니다. 성공과 행복으로 가는 길이 보일 거예요. 힐 박사가 패리스 주민들에게 인생의 원칙을 가르치고 변화를 촉구한 이유는 이 원칙으로 어려운 환경을 극복하기를 바랐기 때문입니다. 또한 장애물을 피해 이리저리 다니지 말고, 곧게 일직선으로 뻗은 길을 걷기를 바랐기 때문이에요. 그들이 열심히 노력해 인생을 바꾸기를 원했습니다. 저는 패리스 주민들의 삶이 정말로 바뀌었듯이 독자 여러분의 삶도 바뀔 것이라 확신합니다.

나폴레온힐재단 이사장

돈 그린

"사람의 그릇은 번민이 적을수록 크다."

차례

제1장

명확한 목표

안녕하세요, 여러분. 지금부터 제가 지난 40여 년간 깨치고 개발한 성공 원칙을 여러분께 소개해드리려 합니다. 여러분과 함께할 수 있어 영광이고요, 앞으로 제가 하는 이야기가 도움이 되었으면 합니다.

첫 번째로 알아볼 원칙은 명확한 목표입니다. 명확한 목표라는 주제가 썩 대단하다거나 인상적이라는 느낌은 들지 않죠? 하지만 여러분, 사람들 입에 오르내리는 성공 신화는 전부 명확한 목표에서 출발했습니다. 누구든 성공한 사람을 찾아보세요. 그 사람은 목표가 명확해야 한다는 원칙에 따라 행동했을 겁니다. 명확한 목표를 쭉 고수했을 테고요. 그게 이 원칙을 첫 번째 주제로 선택하고 설명하려는 이유입니다.

핵심 목표를 최대한 명확하게 세우는 일이 얼마나 중요한지 경험담을 하나 들려드릴게요. 예전에, 그러니까 제

1차 세계대전이 끝난 직후였습니다. 저는 대여 금고로 가서 핵심 목표를 명확하게 적어둔 문서를 꺼내 읽었어요. 1919년 바로 그해의 수입을 예상한 대목에는 '연간 1만 달러'라고 적혀 있었습니다. 저는 연필로 숫자 0을 하나 더 붙여 금액을 '10만 달러'로 만들고 문서를 다시 금고에 넣었습니다. 목표는 높게 잡아야 하니까요.

그로부터 3주도 지나지 않았을 거예요. 텍사스에서 한 남자가 저를 찾아오더니, 매월 3주간 텍사스에 머물며 자기 회사 상품 카탈로그를 써주면 연봉 10만 달러를 주겠다고 제안하지 뭡니까. 저는 제안을 받아들여 그쪽에서 만들어온 계약서에 서명을 했고 이후 그 남자는 제 덕분에 거의 1000만 달러를 벌어들였습니다.

그런데 그가 가져온 계약서가 아주 교묘했어요. 근무기간 1년을 채우지 않으면 급여를 한 푼도 지급할 수 없다고 명시되어 있었던 겁니다. 그런데 일을 시작하고 얼마 안 됐을 때, 저는 그 남자가 공금을 횡령하고 있다는 사실을 알아버렸습니다. 1년을 채우기는커녕 그를 FBI에 신고하고 시카고로 돌아왔어요. 그때까지의 급여를 전부 날리고요. 다시 금고로 가서 핵심 목표를 꺼내 꼼꼼히 뜯어봤습니다. 이렇게 쓰여 있었죠. '1919년에 총 10만 달러를 벌 것이다.'

주의 깊게 읽으니 그 문장에서 뭐가 잘못됐는지 바로 보이더군요. 답은 잠시 후에 말할 테니 여러분도 그게 뭔지 알아맞혀보세요. 제가 10만 달러를 벌었다는 데는 의심의 여지가 없습니다. 회사 수익을 1000만 달러나 올려줬는데 보수로 10만 달러를 주지 않겠다는 사람이 어디 있겠어요? 저는 확실히 그 돈을 벌었습니다. 하지만 받지는 못했죠. 왜 못 받았는지 이유를 말씀드릴게요.

제가 그 돈을 받지 못한 이유는 다짐을 할 때 중요한 말을 빠뜨렸기 때문입니다. 아까 제가 말한 문장을 떠올리면서 거기서 빠진 중요한 말이 뭔지 알아맞혀보세요. 문장을 다시 들려드리겠습니다. '1919년에 총 10만 달러를 벌 것이다.' 어때요, 명확하지 않나요? 아니에요? 저 말이 명확하다고 생각하세요? 언뜻 보면 명확한 것 같죠? 아니요, 빠진 말이 있습니다. 저는 이렇게 말했어야 합니다. '1919년에 10만 달러를 벌어서 받아낼 것이다.'

그렇게 썼더라면 처음부터 저를 속일 작정이었던 인간에게 사기를 당하지 않았을까요? 제가 받을 돈의 액수가 달라졌을까요? 그랬을 겁니다. 이유를 말씀드릴게요. 만약 돈을 벌고 그 돈을 받아낸다는 부분에 중점을 뒀더라면 저는 남자가 가져온 계약서를 들고 변호사를 찾아갔을 겁니다. 변호사와 함께 계약서를 꼼꼼히 검토했을 테고, 변호사는 제가 매월 벌어들인 만큼 월급을 받을 수 있는 조항을 하나 써줬겠죠. 그런 차이가 있었을 겁니다.

보통은 이렇게 명확하지 않은 태도로 계약을 맺고 이런저런 조정을 하고 타인과 관계를 이어갑니다. 변호사가 '합의'라고 부르는 상황은 좀처럼 보기 힘들어요. 한쪽이 이렇다고 이해하면 다른 쪽은 전혀 다르게 이해하죠.

애석하지만 우리는 못 믿을 사기꾼들이 판을 치는 세상에 살고 있습니다. 그러니 계약서를 써야 해요. 그렇지 않으면 그들은 정직한 길보다 쉬운 길을 택할 겁니다. 장애물이 가장 적은 길만 택하다 보면 강은 굽어지고 사람은 비뚤어지기 마련입니다. 텍사스에서 온 그 남자도 그런 부류였어요.

목표를 명확하게 세워야 한다는 걸 보여주는 사례가 하나 더 있습니다. 14년 전쯤, 이곳 패리스에 사는 빌 로빈슨 씨는 제가 쓴 『놓치고 싶지 않은 나의 꿈 나의 인생』을 구입했습니다. 그는 책을 읽고 감명을 받아서 이렇게 혼잣말을 했어요. "조만간 이 힐이라는 사람을 만나야겠어. 패리스로 초대해 우리 패리스 사람들에게 강연을 해달라고 부탁해야지."

자, 여러분. '조만간'은 명확한 표현이 아니죠. 14년이 흘렀습니다. 로빈슨 씨는 침대에 누워 있다가 세인트루이스 신문에 실린 한 광고를 보았습니다. 제가 세인트루이스에서 강연을 한다는 광고였어요. 이번에는 그때와 다른 말을 했습니다. 침대를 박차고 나와 이렇게 말했다고 해요. "세인트루이스로 가서 그 남자를 만나자. 당장 우리 마을로 끌고 오는 거야." 점점 표현이 명확해지고 있죠? 로빈슨 씨는 세인트루이스로 왔고, 저를 지금 이 자리에 세웠습니다.

로빈슨 씨는 14년 전에도 그렇게 할 수 있었어요. 제 책을 읽고 이렇게 말했더라면요. "이 책이 전하는 메시지, 좋은데? 저자도 마음에 들어. 한 달 안에 패리스로 초대하자." 다시 말해, 로빈슨 씨가 명확한 기간을 정해서 목표에 포함시켰다면 저는 진작 패리스를 방문했을 거라는 얘기입니다.

목표는 명확해야 해요. 앤드루 카네기, 헨리 J. 카이저Henry J. Kaiser, 헨리 포드, 토머스 A. 에디슨처럼 성공한 사람은 모두 명확한 목표에 따라 움직입니다. 훌륭한 리더는 부하에게 지시를 내릴 때 무엇을 하라는 말만으로 끝내지 않습니다. 그 일을 언제 해야 하는지, 어디서 해야 하는지, 왜 해야 하는지 이야기합니다. 어떻게 하는지도 알려주죠. 가장 중요한 포인트는 부하가 반드시 지시를 따르게 한다는 점입니다. 그의 사전에 불복은 존재하지 않아요.

그것이 훌륭한 리더가 기본적으로 갖춰야 할 자질입니다. 리더라면 자기가 무엇을 원하는지 정확히 파악하고, 기억하기 쉽고 이해하기 쉬운 말로 그 정보를 아랫사람에게 전달할 수 있어야 해요.

헨리 카이저는 전쟁 중에 다양한 전시 사업을 하며 정부가 시급히 필요로 하는 군용품을 생산했습니다. 카이저 회장은 필요한 원자재가 공장에 제시간에 도착하지 못하는 상황을 막기 위해, 어떤 철재를 한 컨테이너 주문한다고 하면 US스틸(미국 최대의 종합철강회사-옮긴이)에 해당 철재의 주문서만 달랑 보내지 않았습니다. 그 재료가 공장에 입고됐으면 하는 구체적인 날짜도 지정했어요. 그러고는 독촉 담당자 몇 명을 제철소로 보내 화물열차에 같이 타고 오게 했습니다. 어떤 이유로든 철도회사 측에서 열차를 대피선에 세우려 하면 그러지 못하게 막고 열차를 계속 달리게 하라는 지시를 내렸지요. 그러지 못하면 돌아오지 말라면서요. 실패하면 곧장 옷을 벗어야 했습니다.

그런 조치는 아주 명확했습니다. 그 결과 카이저 회장은 세계 최단 기록으로 배를 만들어냈어요. 배를 만들어본 경험은 없었지만 일을 명확히 해야 한다는 원칙만큼은 이해했던 겁니다. 아는 분은 알겠지만 카이저 회장은 오늘날 그 능력으로 위대하다는 평가를 받고 있죠. 그건 카이저 회장의 성공 비결 중 하나였습니다. 자신이 무엇을 원하는지 이해하고, 목표를 이룰 계획을 세우고, 모든 계획을 명확하게 밝혔던 거예요.

WWWWH 원칙

저는 '무엇을What, 언제When, 어디서Where, 왜Why, 어떻게How 할 것인지' 분명하게 밝히는 이 일처리 방식에 WWWWH 원칙이라는 이름을 붙여보았습니다. 여러분도 WWWWH라고 적힌 배지를 예쁘게 만들어서 셔츠 옷깃이나 재킷에 달아보세요. 배지를 보고 무슨 뜻인지 이해하는 사람이 거의 없을 수도 있지만, 여러분 자신은 알잖아요. 배지를 달고 있으면 명확한 말로 지시를 내려야 한다는 사실을 절대 잊지 못할 겁니다. 무엇을, 언제, 어디서, 왜, 어떻게 해야 하는지 얘기하고 그다음에는 상대를 지켜보며 지시를 그대로 따르게 해야 합니다.

지금 하는 이야기가 성공한 사람과 그렇지 못한 사람

의 차이예요. 성공하지 못한 사람을 한번 보세요. 지시를 내리거나 원하는 바를 표현할 때의 태도가 아주 어설프고 정신없고 불명확할 테니까요. 뒤따르는 결과도 어설프고 정신없고 불명확하고요.

저는 약 44년 전, 앤드루 카네기 회장으로부터 제안을 하나 받았습니다. 개인의 성공을 주제로 세계 최초의 실용철학서를 써보지 않겠느냐고요. 그때 저는 카네기 회장의 자택에 꼬박 사흘을 붙들려 있었습니다. 그사이 카네기 회장은 저를 유심히 관찰했다는데, 저는 관찰당하고 있는지도 몰랐어요. 의도를 알지 못했죠. 카네기 회장이 제게서 무엇을 찾고자 했는지는 수년 후에야 알 수 있었습니다. 그건 맡은 일을 명확하게 처리해낼 수 있는 자질이었어요.

사흘째 저녁, 카네기 회장이 저를 서재로 불러 이렇게 말했습니다.

"지난 사흘간 우리가 이야기한 철학 있잖나. 나는 그게 이 세상에 필요하다고 생각하네. 나처럼 성공한 사람이 일생 동안 시행착오를 겪으며 경험으로 쌓은 노하우를 보통 사람들에게 전해줄 철학 말일세. 성공한 이들이 습득한 지식을 평범한 사람도 활용할 수 있도록 쉬운 말로 쓰였으면 해. 이와 관련해서 질문 하나 하지."

이어서 카네기 회장은 제게 물었습니다.

"내가 이 철학을 책으로 쓰는 일을 의뢰하면 어떻겠나. 국내 걸출한 인물들과도 같이 작업할 수 있도록 소개해줌세. 성공이라는 분야의 대가들이지. 그러면 20년 동안 내게서 지원금 한 푼 받지 않고 스스로 생활비를 벌면서 연구에 매진할 생각이 있나? 답은 '예, 아니요'로 부탁하네."

질문을 받고 몇 초 정도 망설였던 것 같습니다. 체감으로는 한 시간처럼 느껴졌어요. 기다리다 못한 카네기 회장이 "그럼"이라며 운을 떼고 다른 질문을 하려 할 때, 제가 말을 잘랐습니다.

"예, 카네기 선생님. 선생님의 의뢰를 받아들이겠습니다. 그뿐만 아니라 끝까지 해내겠다는 약속도 드리겠습니다." 카네기 회장이 말했습니다. "그게 내가 원한 대답이야." 또 이런 말도 했어요. "그렇게 말할 때 자네 표정을 보고 싶었어. 그 말을 할 때의 목소리 톤도 듣고 싶었네."

그 자리에서 카네기 회장은 결심을 하고 제게 연구를 의뢰했습니다. 다른 사람들에게 퇴짜를 맞았던 연구를 말이죠. 퇴짜를 놓은 사람 중에는 대학 교수도 있었다고 합니다. 질문을 받고 대답하기까지 걸린 시간이 짧게

는 세 시간에서 길게는 3년까지 다양했다고 해요. 대답을
아예 안 한 사람도 있었고요. 카네기 회장은 의뢰 내용을
다 전해 들었을 때 곧바로 그 일을 할지 말지 확실히 결
정을 내릴 수 있는 사람을 원했습니다.

간절한 일을 시작하기에 가장 좋은 때

『골든룰매거진Golden Rule Magazine』을 1918년 정전 기
념일에 창간했을 때, 제게는 잡지를 펴낼 여유 자금이 없
었습니다. 전쟁 내내 미국 대통령 밑에서 자문 역할을 했
었거든요. 제가 설립자이자 학장으로 있던 학교는 전쟁
의 여파로 완전히 문을 닫았습니다. 하지만 저는 『골든룰
매거진』을 내고 싶었어요. 오래전부터 품어온 꿈이었습
니다. 이제야말로 그런 잡지가 대중의 환영을 받을 시대
가 왔다고 생각했죠.

초기 자금으로 10만 달러만 있으면 됐습니다. 그걸로
충분했어요. 만일 은행에 가서 10만 달러를 빌려달라고
했다면 은행 직원은 몰래 버튼을 눌렀을 겁니다. 그리고
깡패 같은 덩치 몇 명이 출동해 저를 붙잡아 경찰에 넘겼
겠죠. 정신 나간 놈이라고 생각했을 테니까요.

사채로 10만 달러를 쓸 수도 없었습니다. 내놓을 만한 실체 있는 담보가 없었기 때문이죠. 그래서 저는 현금 10만 달러, 또는 10만 달러에 상응하는 재화를 빌릴 계획을 세웠습니다. 그 돈을 손에 넣는 데는 사흘도 걸리지 않았어요. 제게 10만 달러를 빌려줄 행운아에게 접근하기 전, 타자기 앞에 앉아 잡지 앞부분에 실을 편집장의 말을 썼습니다. 이미 돈이 있기라도 한 것처럼 말이지요. 글은 이렇게 마무리됩니다. "이 잡지가 세상에 나오려면 최소 10만 달러가 필요하다. 그 돈을 어디서 구할지는 모르겠지만 한 가지는 확실하다. 필자가 올해 『골든룰매거진』을 발간해 배포하고 말 것이라는 사실이다." 아주 명확한 다짐이었죠.

저는 원고를 들고 시카고의 인쇄 재벌 조지 B. 윌리엄스George B. Williams를 찾아갔습니다. 시카고 애슬레틱 호텔 사교클럽에서 점심 식사를 하자고 하기에 초대에 응해주었죠. 3.85달러짜리 점심을 사준다기에 그러라고 했습니다. 먹지는 않았지만요. 음식에는 손도 대지 않았습니다. 그 대신 윌리엄스 회장과 대화를 하며 잡지에 대해 설명했습니다.

이 정도면 필요한 정보를 다 말했다 싶을 때, 원고를 건넸어요. 돈을 어디서 구할지 모르겠다는 마지막 구절을 읽은 윌리엄스 회장은 이렇게 말했습니다. "아이디어가 기발하군. 자네가 마음에 들어. 전부터 괜찮다고 생각하고 있었지. 자네라면 할 수 있을 것 같네. 원고를 가져오면 내가 잡지를 인쇄하지. 가판대에 놓고 팔아보자고. 잡지가 팔리면 내가 먼저 투자액을 회수하고 남은 게 있으면 자네가 갖게."

여러분, 『골든룰매거진』은 그렇게 시작되었습니다. 잡지는 창간 6개월 만에 발행 부수 50만 부를 넘겼고, 첫해에 지출을 전부 제하고 순수익 3150달러를 기록했어요.

시간이 흘러 맥패든사의 잡지에 사설을 쓰던 시기에 버나드 맥패든Bernard McFadden 회장에게 이 얘기를 들려줬더니 이런 말이 날아왔습니다.

"힐, 자네를 오래전부터 알았고 능력을 높이 사네만, 자네 계산을 잘못 했어. 학창 시절에 수학은 별로 못했나보군. 성공하겠다는 확신을 웬만큼 갖고 전국 규모의 잡지를 창간하려면 얼마가 필요한지 마침 내가 아는데 말이야. 적어도 100만 달러는 있어야 해. 투자금을 한 푼도건지지 못할 가능성도 거의 절반이고."

도저히 할 수 없을 일을 벌였다고 생각하니 정말이지 죽을 만큼 겁이 났습니다. 시작 전에 몰랐던 게 다행이었죠. 여러분, 이 세상에는 하고 싶은 일이 있으면서도 목표를 이루지 못할까 봐 아예 시작도 안 하는 사람이 너무도 많습니다. 아니면 모든 상황이 딱 맞아떨어지기를 기다리며 시작을 미루고 있든지요.

그거 아세요? 계획을 실행하기 전에 모든 상황이 딱 맞아떨어지기만을 기다린다면 몇 년이 지나도 시작하지 못합니다. 상황이 딱 맞아떨어지는 날은 평생 오지 않기 때문이에요. 만약 간절히 원하는 일이 있다면 정보를 최대한 수집하고 구할 수 있는 도구를 전부 마련한 후 즉시 착수하세요. 그 순간 할 수 있는 만큼만 해보는 겁니다. 믿기 힘들겠지만 뭐가 됐든 현재 갖고 있는 도구를 사용하다 보면 더 훌륭한 도구가 기적적으로 여러분 손안에 들어와요.

5년 안에 이룰 명확한 목표를 세우는 일

제가 앞으로 5년 이내에 이루고 싶은 명확한 목표에 관심이 있으실지 모르겠네요. 혹시 알고 싶으신가요? 지금 말씀드리겠습니다. 이제 여러분은 제가 행동하는 모습을 확인하실 수 있을 거예요. 제 목표를 들어주세요. 그리고 제가 목표를 이루기 위해 계획을 어떻게 실천하는지 한 걸음, 한 걸음 지켜봐주십시오.

저는 최근의 유유자적한 생활을 접고 정식으로 업무에 복귀하려 합니다. 다시 책을 쓰고 강연을 하려고 해요. 그러는 데는 여러 가지 이유가 있습니다. 첫째는 개인적인 이야기인데, 제게는 앞으로 더 벌지 않아도 평생 쓸 만큼의 돈이 있습니다. 저희 가족의 생활 방식대로 살기에 충분할 만큼 자금을 마련해뒀거든요. 앞으로 버는 돈은 제 성공 철학을 전 세계에 홍보하고 퍼뜨리는 데만 사용하겠습니다. 저는 이 철학을 소개하는 책이 전 세계 주요 언어로 출간되기를 원해요. 반드시 그렇게 만들 겁니다.

패리스 같은 도시들을 방문하다 보니 제 성공 철학과 관련해 그동안 몰랐던 사실이 눈에 보이더군요. 저는 거기서 새로운 희망과 용기를 얻었습니다. 명확한 목표라는 원칙을 색다른 관점으로 볼 수 있었어요. 그러니까, 이곳 같은 소도시에 사는 보통 사람들도 이 철학을 받아들일 준비가 되어 있고 그걸 배우기를 갈망하고 있더라는 말씀입니다. 개인의 경제를 이야기하는 철학이기 때문이에요. 개개인이 균형 잡힌 경제활동을 할 수 있게 도와주는 철학이기 때문입니다. 세계에서 내로라하는 영리한 지식인들의 검증을 받은, 확실한 철학이기도 하죠. 개인 규모의 재산과 재물을 다루는 철학이기도 하고요.

우리는 좌절의 시대에 살고 있습니다. 또한 공포의 시대, 불안의 시대예요. 지금 여기 계신 분들 중에 해결 방법을 모르는 개인적인 문제에 시달리지 않는 분은 없을 겁니다. 제 인생 철학은 이런 개인의 문제를 해결하기 위해 태어났습니다. 이 책을 읽고 계시는 모든 분은 의식하지 않아도 주변에 행복을 전파할 것입니다. 기쁨과 용기를 퍼뜨릴 거예요. 자신감이 커지고, 주변 사람에게도 더 큰 자신감을 줄 겁니다. 목표도 명확해지겠죠. 그 출발점으로서 더 나은 내가 되자는 목표를 세울 테고요.

다음에서 목표가 명확해야 한다는 최우선 원칙을 더 자세히 알아보도록 합시다.

명확한 목표의 고수가 되는 법

지금부터는 명확한 목표라는 원칙이 얼마나 중요한지, 어떻게 하면 목표를 명확하게 세워 성공할 수 있는지 알아봅시다.

이 원칙도 그렇고 앞으로 나올 다른 원칙도 마찬가지일 텐데, 제가 어쩜 그렇게 확신에 차서 말을 하는지 궁금하시죠? 이유를 말씀드리자면 여기서 알아볼 원칙 하나하나는 전부 자연법칙으로 검증을 받고, 재검증까지 받았기 때문입니다.

자연법칙으로 어떤 원칙의 확실성 여부를 검증받을 수 있다면 그 원칙에는 오류가 없다는 뜻입니다. 명확한 목표를 배워서 활용하는 문제와 자연이 무슨 상관인지 간단히 설명해드릴게요. 명확한 목표를 두루 적용하는 완벽한 예시를 보고 싶다면 자연이 그 원칙을 어떻게 활용하는지 관찰하면 됩니다.

첫째, 우주에는 질서가 있고 모든 자연법칙은 서로 밀접하게 연결되어 있습니다. 우리가 사는 이 작은 진흙덩어리가 365일마다 태양을 한 바퀴씩 돌고 있다는 사실, 정말 신기하지 않나요? 그러면서도 태양이나 그 밖의 모든 행성과 일정 거리를 유지하고요. 모든 게 질서정연하게 움직인다니 대단하지 않습니까? 저녁에 해가 져도 우리는 내일 아침 해가 동쪽에서 다시 뜬다고 믿으며 잠자리에 듭니다. 제가 아는 한, 지금까지 저녁에 해가 졌다가 다시 뜨지 않은 적은 단 한 번도 없었어요. 물론 이곳 미주리에서는 하늘이 흐려 해가 안 보이는 날이 많죠. 그런 날에도 해는 언제나 변함없이 그 자리에 있었습니다.

자연에 질서가 있다는 말은 모든 것을 움직이는 근본적인 원칙, 혹은 원인이 있다는 뜻입니다. 자연은 그와 같은 근본적인 계획을 아주 명확하게 지키고 있어요. 아주 오래 전부터 존재해온 지구라는 행성은 대체 몇 년 동안 명확한 계획을 지키며 떠다니고 있을까요? 수십억 년? 수조 년? 수천조 년? 누가 알겠습니까. 하지만 지구가 명확한 계획에 따라 움직이고 있다는 것만큼은 다 알죠. 어떤 힘이라도 자연의 명확한 계획을 감히 막지는 못합니다.

맞아요, 자연의 계획은 지구뿐 아니라 다른 별과 행성에서도 볼 수 있죠. 모든 별과 행성의 위치는 항상 고정되어 있고 서로 간의 관계도 변하지 않습니다. 그 관계가 얼마나 명확하냐면요, 두 개의 별이나 행성이 특정 시간에 어떤 관계에 놓일지를 천문학자가 수백 년 전에 미리 계산하고 예측할 수 있을 정도입니다. 자연이 명확한 계획에 따라 우주를 지휘하지 않는다면 불가능한 이야기겠지요.

중력의 법칙도 자연의 계획을 증명합니다. 중력의 법칙은 어떤 장소에서도, 어떤 목적으로도 멈추지 않습니다. 중력의 법칙이 멈췄다는 말을 한 번이라도 들어보셨나요? 사람이 아무 부작용 없이 중력의 법칙을 거슬렀다는 말은요? 중력의 법칙은 영원하고 명확하며 절대 다른 형태로 변하지 않습니다. 거기에 순응하는 사람은 막대한 이득을 얻어요. 반대로 순응하지 않는 사람은 아주 위험해질 수 있습니다.

지구상의 생물도 자연의 계획에 따라 전체적인 균형을 이룹니다. 그래서 하나의 종種이 지구를 장악하지 못하는 거예요. 만약 자연이 곤충과 조류처럼 하등한 생물의 개체를 조절하는 데 명확한 계획을 갖고 있지 않다면 인류는 12개월도 못 버티고 멸종될 겁니다. 자연이 메뚜기 떼를 퍼뜨려 막대한 피해를 입힐 때도 있긴 하죠. 하지만 곧 있으면 갈매기 같은 새들이 와서 메뚜기를 먹어치우기 때문에 적절한 균형은 깨지지 않습니다.

예전에 영국에서인가 미국으로 찌르레기를 들여온 사람들이 있었어요. 찌르레기의 먹이가 되는 곤충을 박멸할 목적으로요. 하지만 자연은 그런 식으로 자연의 균형을 깨뜨리는 짓에 찬성하지 않았습니다. 그래서 찌르레기를 빠르게 증식시켰고 찌르레기는 이제 골칫거리가 되었습니다. 마음 같아서는 '골칫거리'라는 말 앞에 더 험한 말을 붙이고 싶네요. 이렇게 인간이 자연의 전체적인 균형을 흔들려 했다가는 큰코다칩니다. 자연은 전체적인 질서에 따라 온 세상의 균형을 유지하자는 명확한 계획을 갖고 있기 때문이에요. 인간은 이 말을 잘 새겨들어야 합니다.

자연의 계획은 진화 과정에서도 드러납니다. 생물이든 무생물이든 이 세상의 모든 존재는 앞서 태어난 조상의 소산입니다. 흥미롭지 않습니까? 밀을 심은 농부가 밭에 나갔더니 밀 대신에 옥수수가 자라 깜짝 놀랐다는 얘기가 어디 있던가요? 아니요, 있을 리가 없죠. 자기들끼리 번식하는 모든 종은 자연의 명확한 방식에 따라 조상과 아주 흡사한 후손을 생산합니다. 인간에게도 같은 방식이 적용되고요. 자연은 조금의 흔들림도 없이 명확한 법칙을 지켜나갑니다.

물질과 에너지를 만들거나 파괴할 수 없다는 점, 물질과 에너지의 양을 수정할 수 없다는 점도 자연의 명확한 계획을 보여주는 예시입니다. 에너지나 물질을 파괴할 수 없다니 놀라우시죠? 둘의 양을 줄이거나 늘릴 수도 없어요. 상태를 바꿀 수는 있지만 양은 건드리지 못합니다. 만약 여러분이 일정량의 에너지를 써버려도 자연이 에너지를 보충해 에너지 잔량의 균형을 맞춥니다. 예를 들어, 자연은 인간이 전기를 다 쓰지 못하게 막아줍니다. 전에 이런 질문을 들은 적 있어요. "언젠가는 전기가 바닥날 텐데, 그때는 어떻게 될까요?" 아마 대참사가 벌어지겠죠? 하지만 여러분, 걱정 마세요. 그런 일은 절대 일어나지 않으니까요.

자연은 우주에 존재하는 모든 것의 균형을 유지합니다. 자연의 계획은 흔들리지 않고 법칙은 깨지지 않아요. 하루는 해를 띄웠다가 다음 날은 해를 띄우지 않는 변덕을 부리지 않습니다. 자연의 부주의로 우리 지구가 다른 행성과 충돌해 파괴된다거나 하는 일도 없습니다.

매년 신문을 보면 뭣도 모르고 세계 종말을 예언하는 한심한 사람들에 대한 기사가 쏟아집니다. 그 사람들은 가진 걸 다 처분하고 남의 거짓말에 속아 전 재산을 내놓고 지붕이나 나무 위에 올라갑니다. 어디를 가려는지 모르겠지만 아무튼 떠날 준비를 해요. 지구가 곧 멸망한다면서요. 살면서 그런 사건을 여섯 번 정도 본 것 같은데, 유구한 이 세계는 제가 처음 봤을 때와 똑같이 쉬지 않고 굴러가고 있습니다. 앞으로도 오랫동안 이렇게 굴러갈 거예요.

자연법칙과 명확한 목표의 상관관계

명확한 계획이 얼마나 중요한지 알고 싶은 분은 자연의 작용을 눈여겨보세요. 금방 이해가 될 겁니다. 인간의 정신이라는 아주 정교한 체계도 관찰해보시고요. 인간의 정신은 구조부터 명확하게 고정되어 있어요. 그래서 모든 인간은 저마다 자신에게 맞는 상황을 선택하며 살아갑니다. 하나의 개체로서 자신의 영역을 명확히 정하고, 자신의 운명을 결정하죠. 다른 건 몰라도 본인의 운명만큼은 온전히 통제할 수 있습니다.

참으로 신기하지 않나요? 자연이 인간에게 자기 운명을 정할 권리를 확실하게 내려줬다는 사실 말이에요. 인간이 각자의 마음을 활용하고 원하는 일을 할 수 있다는 사실도 마찬가지고요. 지금 누군가는 이렇게 말할 거예요. "흠, 요즘 러시아에는 통하지 않는 말 아닙니까? 한때는 독일도 안 그랬고요. 지금 돌아가는 상황을 보니 이대로 가다가는 여기 미국에서도 그렇게는 못 할 것 같은데요. 하고 싶은 일을 하고, 일하고 싶을 때 일하고, 좋아하는 일을 할 자유를 누리는 게 어디 쉽겠느냐고요."

하지만 여러분, 5000년에서 6000년 정도 시간을 과거로 돌려봅시다. 자연의 계획에 도전했다가 벌을 받지 않은 인간이 한 명이라도 있던가요? 현재 러시아나 그 밖의 나라에도 원하는 대로 생각할 수 있는 인간의 위대한 특권을 빼앗으려는 세력이 있긴 하죠. 하지만 그들도 벌을 받을 겁니다. 다 때가 있어요. 그때가 너무 멀게 느껴질 수도 있습니다. 지금처럼요. 하지만 제가 알기로, 자연은 어마어마하게 긴 시간을 손에 쥐고 있습니다. 이오시프 스탈린 등을 벌하기까지 오랜 시간이 걸릴지 몰라도 반드시 벌을 내립니다. 그건 확실해요. 자연은 스탈린 같은 자들이 인간의 자유를 빼앗아가게 두고 보지 않을 겁니다. 자연의 계획은 명확하고 인간은 자연법칙을 단 1초라도 피하거나 막을 수 없습니다. 이건 신이 모든 인간에게 확실히 적용하는 원칙이에요.

자, 계획은 분명하게 고정되어 있습니다. 누가 자연법칙을 교묘하게 피했다는 말은 못 들어보셨죠? 그러겠다고 도전했다가 벌을 받지 않은 사람도 없었고요. 때로는 그 자리에서 즉시 벌을 받습니다. 물론 중력의 법칙에 도전할 수야 있죠. 고층 빌딩 꼭대기에 올라가 뛰어내리는 것도 가능합니다. 그럴 만큼 어리석다면 말이에요. 아래에서 그물 같은 도구로 받아주지 않는 이상, 그 사람은 엄청난 비극을 맞게 됩니다. 본인은 전혀 모르겠지만요.

네, 자연법칙을 거스르려 할 수는 있습니다. 싹 다 무시할 수도 있어요. 하지만 그렇게 하려면 대가를 치러야 한다는 얘기죠. 자연은 자연법칙을 위반한 이에게는 확실한 벌을, 법칙을 준수한 이에게 확실한 보상을 내립니다. 그건 어떻게 해도 피하지 못합니다. 어떤 종교를 믿든 상관없어요. 결과는 조금도 달라지지 않습니다. 이제 결론이 나왔죠? 자연이 명확한 계획을 갖고 현재 지구에 사는 인간들을 대하고 있으며, 자연의 계획을 알아차리고 그 계획에 순응하는 이는 막대한 보상을 받고 그러지 못한 이는 엄한 벌을 받습니다.

제 인생 철학의 목적은 자연과 자연법칙이 어떤 식으로 작용하는지, 개인이 자연법칙에 순응하려면 어떤 수단과 방법이 필요한지를 실용적이면서 이해하기 쉬운 말로 설명하는 겁니다. 방금 말씀드린 자연의 벌과 보상은 이런 제 철학을 전달하는 데 약점인 동시에 강점으로 작용해요.

자, 여러분. 명확한 목표를 활용할 때 고려해야 할 몇 가지 중요한 사실이 있어요. 첫째, 개인이 성공하려면 우선 목표를 명확하게 세우고 목표를 이루기 위한 명확한 계획을 짜고 그에 맞는 행동을 해야 합니다. 지금까지 한 말을 다 잊는다 해도 세 가지 핵심어만은 기억하시기 바랍니다. 목표, 계획, 행동을 기억하세요. 목표를 세우고, 계획을 짜고, 행동을 해야 합니다. "언젠가는 목재 사업을 시작할 거야" 같은 말로는 부족합니다. '언젠가는'이라니요. 그 '언젠가는'은 평생 오지 않습니다. 그보다는 "다음 주부터 자재를 대량 주문하고 미주리 패리스에서 목재 사업을 시작할 거야"라고 말합니다. 그렇게 할 자본을 확보하고 계획을 행동으로 옮겨야 명확하다고 할 수 있어요.

개인이 성공하려면 하나 이상의 동기가 발현되어야 합니다. 내가 어떤 사람인지에 대한 개념이 잡히는 나이부터 죽을 때까지, 모든 행동은 동기의 결과예요. 동기 없이 행동하는 사람은 단 한 명도 없습니다. 기본적인 동기는 아홉 가지로 정리할 수 있어요.

지금부터 할 이야기를 들으면 아홉 가지 기본 동기가 성공의 기초라는 사실이 머리에 각인될 겁니다. 타인에게 어떤 행동을 부탁하거나 기대하려면 상황을 막론하고 요청을 정당화하는 동기를 상대의 마음에 심어줘야 합니다. 저는 상대가 진심으로 제 동기에 동감하고 제 요청에 납득했다고 느끼기 전까지는 부탁을 하지 않아요. 여러분도 저처럼 하면 절대 실패할 일이 없습니다.

목표를 만드는 아홉 가지 기본 동기

이제 아홉 가지 기본 동기를 알아볼까요? 어떤 분야에서든 성공한 사람은 몇 가지 동기를 조합해 사용합니다.

첫 번째 동기는 사랑입니다. 사랑이라는 감정으로 이

세상에 얼마나 많은 인간관계가 맺어지는지, 얼마나 많은 재산이 쌓이고 사라지는지, 얼마나 많은 일이 벌어지는지 알면 깜짝 놀라실 거예요. 사랑은 무엇보다도 강력한 동기이고 위대한 감정입니다. 그러면서도 가장 위험하죠. 특히 자제력을 다 놓아버리고 이렇게 말하는 사람에게 제일 위험합니다. "나는 불길이라도 뛰어들 거야." 그러는 사람들이 꼭 있어요.

아홉 가지 기본 동기 중 두 번째는 성욕입니다. 모든 종족이 영원히 지속될 수 있도록 자연이 내려준 강력한 창조력이죠.

세 번째는 부자가 되고 싶다는 욕구입니다. 이는 선천적인 특성이라 할 수 있어요. 돈은 인간이 큰일에 도전하자고 마음먹게 하는 중요한 동기입니다. 정당한 방법으로 돈을 벌 수 있는 기회를 마다하는 사람은 어디에도 없어요. 슬프지만 어떤 이들은 정당하지 않은 방법으로도 돈을 벌려고 합니다.

네 번째는 자기보존 욕구입니다. 이것도 선천적으로 타고나는 동기예요. 가끔씩 인간은 스스로를 보존해야 한다는 마음에 거의 초인적인 행위를 합니다. 저도 지난 40여 년간 차를 몰면서 시간이 넉넉했더라면 제정신으로 했을 리 없는 운전 묘기를 많이도 부렸습니다. 그러니까, 비상사태에 가까운 순간이 닥치면 제 내면에 있는 어떤 마음이 운전대를 휘어잡고 차를 도로 밖으로 던졌다가 다시 도로 위로 올려 보내더라는 얘기예요. 패리스에 두 번째로 왔던 날도 그랬습니다. 차가 도로에서 완전히 방향을 틀어서 뒤로 돌아 패리스를 향해 달리기 시작했습니다. 제 차는 제가 이곳에 돌아와 일을 끝내기 바랐나봐요. 그렇게 저는 패리스로 돌아왔습니다. 그만큼 자기보존 욕구는 아주 대단한 동기가 돼요.

다섯 번째 기본 동기는 몸과 마음이 자유롭기를 바라는 욕구입니다. 신이 내려준 자유로울 권리로 우리 인간은 태어날 때부터 자기 마음을 자유로이 통제할 수 있고, 그 통제권을 이용해 자유를 쟁취할 수 있습니다. 그에 더해 조물주는 인간의 마음에 자유를 갈망하는 욕구까지 심어주었습니다. 오늘날 미국에서 가장 중요하게 여기는 한 가지를 꼽자면 인간이 나답게 존재할 수 있는 특권이에요. 하고 싶은 말을 하고, 하고 싶은 행동을 하는 거요. 물론, 하고 싶은 말을 다 하고 살 수는 없지만 비슷하게는 가능합니다. 현재 우리가 하는 행동의 동기에는 그 자유를 지키려는 욕구도 있습니다.

여섯 번째 동기는 개인의 표현과 인정입니다. 그러니까 자신을 표출하고 인정받고 싶은 욕구를 말해요. 다음의 두 가지 중 하나라도 싫다고 하는 사람은 없다고 봐요. 첫째는 말을 하는 일입니다. 무엇에 대해 말하냐고요? 음, 뭐든지요. 둘째는 책을 쓰는 일이에요. 무엇에 대해 쓰냐고요? 음, 아무거나요. 우리는 자신을 표현하고자 하는 욕구를 선천적으로 갖고 태어납니다. 이 욕구가 있기에 인간은 남녀를 불문하고 원대한 일에 도전하고 있습니다.

저도 이 철학을 정리하고 대중에 선보일 준비를 하는 20년간 저를 표현하고 싶다는 욕구가 있었기 때문에 배를 곯으면서도 버틸 수 있었던 것 같아요. 다른 동기만으로는 돈이 되지 않는 일을 계속하지 못했을 겁니다.

일곱 번째 동기는 죽은 후에도 후대에 이름을 남겼으면 하는 욕구입니다. 이것도 선천적인 동기지요.

마지막으로 두 가지 동기가 남았는데, 둘 다 성격이 부정적입니다. 여덟 번째는 복수심이에요. 사람이 실제 불만 혹은 상상의 불만으로 남에게 앙갚음을 한답시고 매일 얼마나 많은 에너지를 소모하는지 알면 놀라실 겁니다. 복수심은 아주 위험합니다. 복수로 상대를 곤경에 빠뜨리거나 상대가 부당한 일을 당하게 할 수는 있지만, 백이면 백 복수를 하는 사람도 힘들어져요. 저도 못마땅하게 생각하는 사람이 많습니다. 그중에는 특별히 더 싫어

하는 사람도 있어요. 하지만 복수를 할 수 있는 특권을 가졌다 한들, 저는 복수를 하지 않을 겁니다. 그런 일을 당해도 싼 사람이 없어서가 아니에요. 제가 다치면 안 되기 때문입니다. 올바르고 균형 잡힌 삶을 살다 보면 어떤 경우에도 남에게 복수심을 품지 않는 경지에 오릅니다.

아홉 번째이자 마지막 동기는 앞서 얘기한 모든 동기를 낳는 근원입니다. 바로 두려움이에요.

두려워하는 사람이나 대상이 있는 한, 우리는 자유로울 수 없습니다. 마음의 속박에서 벗어나야 해요. 무언가 두렵다면 왜 그렇게 느끼는지 이유를 찾고 두려움을 없애세요. 해결할 수 있는 문제라면 해결하고, 여러분 힘으로 어떻게 할 수 없는 문제라면 머리에서 지워버립니다. 못하겠다면 다른 생각으로 머리를 채우는 방법도 있어요. 두려운 것에 대해 생각하고 고민할 겨를이 없도록 말이죠.

명확한 목표를 세울 때는 다음과 같은 아주 중요하고 위대한 진리도 고려해야 합니다. 계속된 생각으로 머리를 완전히 장악한 아이디어나 계획, 목표는 잠재의식의 영역에 잠겨 있다가 그때그때 자연스럽고 논리적인 수단을 통해 행동으로 나타난다는 진리 말입니다. 제 말투를 들어보시면 어느 부분에 강조를 했죠? '자연스럽고 논리적인' 수단이라고 했어요. 초자연적인 수단은 언급하지 않았습니다. 저는 초자연적인 수단으로 행동하는 방법에 대해서는 전혀 모릅니다. 자연법칙대로 행동하는 방법만 알 뿐이죠.

여러분 모두 각자 해야 할 역할이 있다고 느끼시면 좋겠어요. 주변 사람이나 집단을 대상으로 제 성공 철학을 가르쳐보면 어떨까요? 잘 가르치지 못해도 그걸 명확한 목표로 세워보세요. 이 철학을 배워야 할 사람들에게 어떤 내용인지 설명하고 지식을 전파하는 거예요. 학생에게 설명하다 보면 여러분 자신도 이 철학을 더 잘 이해하게 됩니다. 그것도 자연법칙이에요. 타인에게 도움을 주는 행위는 자신에게도 도움이 된다는 거요.

이 철학을 최대로 활용하고 싶은 분은 주위를 둘러보고 이 철학을 배워야 할 사람을 찾아 그에게 가르침을 전해야 합니다. 그가 철학과 가까워지게 하세요. 이 책을 읽고 직접 판단해보라고 하세요. 누구 말처럼 나폴레온 힐이라는 사람이 여러 사람을 속이고 선동하기 위해 책을 냈는지 아닌지. 네, 혹시 의심하는 분이 있을까 봐 하는 말인데 인정합니다. 저는 사람들을 선동하고 계몽하려고 책을 낸 게 맞아요. 여러분 개개인이 스스로 길을 찾게 돕고 싶고, 더 나아가 여러분이 사는 지역사회를 돕고 싶다는 게 제 마음입니다.

　여기까지 읽어주셔서 감사합니다. 다음 장에서는 목표 달성에 정확한 사고가 얼마나 중요한지에 대해 알아보겠습니다.

제2장

정확한 사고

이 장에서는 정확한 사고를 주제로 이야기해보도록 하겠습니다. 세상의 많은 사람은 자기가 정확한 사고를 한다고 생각합니다. 하지만 사실을 알고 보면 아예 생각이라는 걸 하지 않는 사람이 대다수예요. 생각을 한다고 생각할 뿐이죠. 정확한 사고를 구성하는 요소가 몇 가지 있는데, 지금부터 그 요소가 무엇인지 설명해드릴 예정입니다. 개념이 복잡하진 않지만 이 점은 미리 알아두세요. 섣부른 판단이 아닌 정확한 사고를 하려면 기술이 필요합니다. 시스템을 따르고 거기서 벗어나면 안 돼요.

정확한 사고의 세 가지 기본 요소

우선, 정확한 사고의 세 가지 기본 요소를 알아야 합니다. 첫 번째 요소는 알려지지 않은 사실이나 가설을 전제로 한 귀납적 추론inductive reasoning입니다. '귀납적 추론'이란 사실을 다 알지는 못해도 특정한 사실이 틀림없이 존재한다고 가정한다는 의미예요. 예를 들어 하느님에 대해 정확한 사고를 한다고 해봅시다. 하느님의 실존 여부를 아는 사람, 하느님을 만나거나 본 사람은 없습니다. 누가 하느님을 만나거나 봤다는 말도 들리지 않아요. 그럼에도 우리는 귀납적으로 하느님을 생각합니다. 주위를 둘러보세요. 우리가 사는 작은 세계와 그 너머에 존재하는 우주의 놀라운 체계를 조직하는 요소들이 보입니다. 그러고 나면 다수가 하느님이라 부르는 신이 있다는 결론을 내리지 않을 수 없습니다. 꼭 하느님이라고 부르지 않더라도요. 그것이 귀납적 추론입니다.

두 번째 요소는 익히 알려진 사실, 그러니까 우리가 참이라고 알고 있는 사실을 바탕으로 한 연역적 추론deductive reasoning입니다. 많은 사람이 어설프게 연역적 추론을 합니다. 사실을 다 알고 있다고 가정하지만 실상은 남에게 들은 증거나 소문을 이야기할 뿐이죠. '누가 그렇게 말하더라' 혹은 '신문에서 읽었는데'라는 식입니다. 저는 뭔가를 말하는 사람이 '신문에서 읽었는데'라고 운을 떼면 그 말이 머리에 입력되지 않게 머릿속에 투명 귀

마개를 끼고 소리를 차단합니다. 저도 한때 기자로 일했고, 알고 지내는 동료 기자도 많다 보니 신문이 자주 오보를 낸다는 사실을 너무도 잘 알고 있거든요. 신문도 틀릴 때가 있습니다.

정확한 사고의 세 번째 요소는 논리^{logic}입니다. 즉, 현재의 생각과 유사한 과거 경험을 참고해 따라가는 것이지요. 그게 논리예요. 여러분, 일반적으로 정확한 사고를 하려 한다면 결정을 내리기 전이든 후든 논리에 입각해 해당 의견이나 결론이 논리적인지 확인해야 합니다. 그러면 골치 아플 일이 대폭 줄어들어요.

귀납적 추론, 연역적 추론, 논리 이 세 가지가 바로 정확한 사고의 세 가지 요소입니다.

사실, 거짓, 소문 그리고 중요한 사실

정확한 사고를 하려면 반드시 두 가지 단계를 거쳐야 합니다. 2단계면 충분해요. 1단계는 사실, 혹은 사실이라고 믿는 것에서 거짓과 소문을 분리하는 과정입니다. 우선 그것부터 하세요. 어떤 주제든 생각해서 결론을 내려야 할 때는 최대한 모든 정보를 찾아 사실, 거짓, 소문으로 구분해야 합니다. 그게 1단계예요. 여러분, 제가 정확한 사고를 자세히 분석하고 있는 지금도 여기서 설명하는 규칙과 여러분의 생각을 비교해보면 많은 도움이 됩니다. 자신에게 부족한 부분이 있다면 무엇인지 찾아보세요. 이 규칙을 근거로 주변 가까운 사람들 중 몇 명이나 정확한 사고를 하는지 분석해봐도 좋고요.

가장 먼저 사실에서 거짓과 소문을 분리해내야 한다고 했죠. 분리 작업을 통해 사실, 혹은 사실이라고 믿는 것을 파악하고 소문을 내다버렸으면 증명할 수 있는 사실만 남을 거예요. 이제 그 사실들을 '중요한 사실'과 '중요하지 않은 사실' 두 가지로 구분합니다.

중요한 사실과 중요하지 않은 사실을 어떻게 구분하는지 아시나요? 여러분 중 몇 분이나 둘을 구분할 수 있을까요? 손을 들어보세요. 네? 중요한 사실과 중요하지 않은 사실의 차이를 모르신다고요? 아니면 너무 겸손해서 가만히 계시는 건가요? 여러분, 중요한 사실이란 핵심 목표를 이루는 데 활용할 수 있는 사실을 말합니다. 핵심 목표에 도움이 되는 사소한 욕구도 포함해서요. 이를 중요한 사실이라고 하고, 상대적으로 나머지는 전부 중요하지 않은 사실이 됩니다. 대부분 아무짝에도 쓸모가 없어요.

제가 강연을 위해 세인트루이스 집에서 여기 패리스까지 운전해서 오는 동안 있었던 사실을 말씀드리자면 거의 100가지도 넘습니다. 하지만 99퍼센트는 이랬든 저랬든 중요하지 않아요. 중요한 사실은 하나뿐입니다. 제가 시간 맞춰 스튜디오에 왔고 스케줄대로 강연을 성공적으로 마쳤다는 사실 말이죠.

이제 중요한 사실이 무엇인지 아셨죠? 하루 동안 여러분의 행동을 관찰해보세요. 중요하지 않은 사실이 시간을 얼마나 많이 잡아먹는지 알면 놀라실 겁니다. 어떻게 처리하든, 어떤 의미를 부여하든 그냥 시간낭비예요. 사다리 꼭대기에 오를 정도로 성공하고 싶으신가요? 정확한 사고를 배우고 배운 점을 활용해 더 높은 곳까지 올라가고 싶다면 중요한 사실과 중요하지 않은 사실을 구분하는 것만으로는 부족합니다. 내게 주어진 시간의 대부분을 중요한 사실에 전념하는 습관을 길러야 해요. 크든 작든 삶의 핵심 목표에 분명하고 확실한 도움을 주는 사실만 생각해야 합니다.

아, 이 규칙을 지키려면 포커 모임은 끊어야 할 겁니다. 여러분이 푹 빠져 있는 다른 취미활동 몇 가지도 포기해야 해요. 다 시간낭비라니까요. 중요한 사실과는 아무 관련이 없습니다.

개인 의견과 정확한 사고

다음으로는 개인의 의견에 관해 이야기해보겠습니다. 의견은 보통 무가치합니다. 주로 편견, 선입견, 추측, 소문을 근거로 하기 때문입니다. 대부분의 사람이 이 세상 모든 주제에 각자의 의견을 갖고 있죠. 하지만 그런 의견에는 별 가치가 없습니다. 타당하거나 과학적인 사고에서 나오지 않았기 때문입니다. 언젠가 두 남자가 아인슈타인 박사의 상대성이론의 가치에 대해 토론하고 있었습니다. 한 사람이 말했어요. "정말 아인슈타인 박사의 상대성이론을 믿나?" 다른 사람이 말했습니다. "헛소리지. 그자가 정치에 대해 뭘 안다고?" 상대성이론이 정치 용어라고 생각했던 겁니다. 그런데도 상대성이론에 자기 나름의 의견을 갖고 있었어요.

여러분, 앞으로 어떤 주제든 의견을 낼 일이 있다면 스스로를 주의 깊게 관찰해보세요. 아주 흥미로운 결과가 나올 겁니다. 공부도 될 거고요. 그 의견이 나오게 된 원인과 상황을 신중하게 살펴보세요. 출처가 확실한지, 남에게 전해들은 이야기인지 확인합니다. 신뢰할 수 없는 출처에서 읽었거나 들은 얘기일 수도 있죠. 가능한 한 모든 수단을 동원해 사실을 찾고 확인된 사실을 근거로 판단하지 않는 이상, 어떤 의견도 안전하지 않습니다. 최소한 사실이라고 믿는 것을 근거로 해야 해요. 사실에 근거했다는 확신이 없다면 절대 의견을 표명하지 말아야 합니다.

여러분도 혹시 그런 생각을 해보셨나요? 확인된 사실이나 사실이라고 믿는 것을 근거로 하지 않는 한 어떤 의견도 내서는 안 된다는 생각? 그래서 의견을 내려다가 멈칫해본 경험이 있나요? 대체로 내 의견이 사실과 전혀 다른 정보에서 나왔다는 생각 안 해보셨어요? 사실을 얻으려 애쓰지 않아도 의견을 가질 수는 있습니다. 하지만 그런 사람은 의견을 낼 권리가 없어요. 근거가 있어야죠.

얼마 전, 현재 한국전쟁 상황이 어떤 것 같냐고 제게 의견을 묻는 사람이 있었습니다. 저는 이렇게 답했어요. "글쎄요, 그 질문에는 한 문장으로 대답할 수 없겠는데요. 저는 그 문제에 의견이 많습니다. 전쟁을 벌인 사람들에 대해서도, 전쟁의 방식에 대해서도 많은 의견이 있어요." 하나의 의견으로는 대답할 수 없었습니다. 의견이 많았고, 그건 전부 전쟁이 발발한 후 제가 직접 본 내용을 바탕으로 하고 있었습니다. 즉, 전부 사실을 근거로 했다는 말씀이에요.

웬만한 조언에도 역시 주의를 기울이지 않아도 됩니

다. 친구나 지인이 자발적으로 해주는 공짜 조언은 대부분 고려할 가치가 없어요. 누군가 이런 말을 했죠. 뭐든 공짜로 얻은 것의 가치는 지불한 금액의 액수와 정확히 일치한다고. 공짜 조언에는 더더욱 들어맞는 말입니다. 무엇을 하고 싶든, 계획이 뭐든, 어디를 가고 있든, 무엇을 하고 있든, 인생의 목표가 무엇이든 똑같아요. 말을 꺼내는 순간, 주변에서 우르르 공짜 조언을 해주겠다고 나섭니다. 가까운 사람일수록 더 그래요.

세계 최초로 개인의 성공에 대한 철학을 정리하기 시작할 때, 저도 무상으로 조언을 얻었습니다. 미국을 대표하는 위인 약 500명이 아무 대가 없이 제가 철학을 완성할 수 있도록 자신의 경험에 관해 들려줬어요. 하지만 500명의 조언을 전부 합쳐도 제 직계가족이 공짜로 던져준 조언의 양을 따라올 수는 없었습니다. 저는 20년간 연구를 하며 이 세상에서 가장 똑똑한 지식인들의 도움을 받았습니다. 그런데도 가족 두세 명은 그 500명보다 제 연구와 연구의 문제점에 대해 할 말이 더 많다고 생각하는 것 같았어요. 조언은 당연히 공짜였고요. 그러니 제가 받아들일 이유는 없었습니다. 받아들이지도 않았고요. 만약 가족의 조언을 받아들였다면, 이 책에서 정확한 사고에 관해 이야기하는 저는 존재하지 않았을 겁니다. 직접 몸으로 부딪혀 경험하고 제 머리로 직접 생각하는 법을 배우지 못했을 테니까요.

정확한 사고를 하는 사람은 절대 남이 대신 생각하도록 내버려두지 않습니다. 엄밀한 의미의 정확한 사고를 하고 싶다면 자신의 생각, 의견, 아이디어에 책임을 지는 습관을 들여야 해요. 다른 사람에게서 정보는 얻어도 됩니다. 최대한 모든 정보와 사실을 얻으세요. 하지만 최종 분석을 할 때는 다른 사람에게 결정을 맡기지 말아야 합니다. 무슨 말인지 잘 아시겠죠? 혹시 다시 설명해야 하나요? 이 정도면 분명하죠? 절대 다른 사람에게 결정을 맡기지 마십시오. 생각의 마지막 단어까지 자신의 몫이어야 합니다. 다른 사람의 생각을 따르는 사람은 지난번에 언급한 것처럼 가장 장애물이 적은 길을 따르는 강과도 같습니다. 비뚤어진 길을 따라 주관 없이 구불구불 흘러가게 되죠.

하지만 아무런 도움 없이 정확한 사고를 할 수 있다는 어리석은 생각은 버려야 합니다. 외부의 도움을 받아야 하는 경우는 많습니다. 마스터마인드 원칙도 그래서 필요한 거고요. 에디슨 선생은 이 세상에서 가장 존재감 있고 성공한 발명가입니다. 생각을 기반으로 발명품을 만들었죠. 하지만 정확한 사고를 하기 전까지 에디슨 선생도 스승들의 과학적 지식과 지혜와 가르침을 통해 사실을 입수해야 했고, 생각하는 데 도움을 받았습니다. 그렇게 얻은 사실을 새로운 방식으로 조합한 거죠.

여러분도 다른 데서 정보를 구해도 돼요. 하지만 정보를 취할 때는 논리를 따라야 합니다. 증거의 법칙에 입각해 이 정보가 단순히 소문인지, 아니면 진짜 사실인지 확인하고 결론을 내려야 해요. 소문은 본질을 알 수 없는 간접 증거이기 때문에 근본적으로 신뢰할 수 없습니다.

생각하는 습관의 변화가 중요한 이유

지금까지 알려드린 사항을 그대로 실천하려면 습관을 조금 고쳐야겠죠? 네, 생각하는 습관의 일부를 뿌리부터 바꿔야 합니다. 신문을 읽을 때는 머릿속에 물음표를 띄우고 더 꼼꼼하게 읽으세요. 읽은 내용에 의문을 제기해야 합니다. 소문을 퍼뜨리는 이웃에 휘둘리지도 말아야 합니다. 본인의 머리로 더 많이 생각하세요. 신문 기사를 참고해 의견을 내는 것은 위험합니다. '신문에서 봤는데'라며 말을 꺼낸다면 성급하게 판단하는 사람이라는 낙인이 찍히기 쉬워요. '신문에서 봤는데' '어디서 들었는데'

'사람들이 말하기를'이라는 말을 시작으로 자기 딴에 사실이라 생각하는 정보를 주려는 사람이 있다면 그냥 귀를 막아버리세요. 사실이라고 뒷받침해주는 증거가 없는 한 관심을 주지 마세요. 그렇게 하면 사고 능력이 전에 비해 월등하게 높아집니다.

어떤 주제에 대한 사실을 구할 때 믿으면 안 되는 사람이 소문을 퍼뜨리는 사람과 험담을 좋아하는 사람입니다. 혹시 그런 사람에 대해 들어보셨나요? 물론 여기에는 그런 분이 없겠지요. 하지만 그런 사람들이 사는 동네도 있답니다. 어느 도시를 가든 그런 사람은 꼭 있어요. 물론 제 강연을 듣는 분들은 해당하지 않습니다. 여러분이 소문, 험담, 스캔들을 주고받는 일 따위를 할 리가 없죠.

참, 남의 험담이라는 거 정말 재미있긴 해요. 저도 배꼽 잡게 재미있는 험담을 자주 듣습니다. 특히 저에 관한 험담을요. 그런데 험담 대상에 대해 그 사람들보다는 제가 더 많이 알고 있단 말이죠. 뭐, 그렇다고 해도 험담을 좋아하는 사람은 그러거나 말거나 변치 않고 입을 놀릴 겁니다. 하지만 여러분, 남의 험담을 듣고 내 일이나 활동, 인생 계획 및 목표에 불안감을 느낄 거라면 아예 시작도 않는 편이 낫습니다. 그런 분은 절대 성공하지 못하니까요.

옛날 옛적에 이와 같은 길을 걸었던 사람이 한 명 있습니다. 영혼이 무척 온화했던 그는 인간의 본성을 조금 더 유하게 만들고 인류가 조화를 이루고 평화롭게 사는 데 이바지하고 싶어 이 세상에 내려왔어요. 하지만 소문, 스캔들을 퍼뜨리고 남의 험담을 하는 사람들의 벽에 부딪혔습니다. 아무도 그를 받아들이지 않았어요. 결국 그는 죽임을 당했습니다. 바로 예수입니다. 하지만 예수의 정신은 죽지 않고 살아남아 세상을 완전히 바꾸어놓았습니다.

대중은 어떤 분야에서든 단연 돋보이는 사람을 인정하려고 하지 않습니다. 험담에 대응하지 않고 잠자코 있으면 더 비난하고 깎아내릴 거예요. 하지만 정확한 사고를 하는 사람은 남이 뭐라고 하든 신경 쓰지 않습니다. 자신에 대한 험담이 사실이 아니라는 데에만 집중하죠. 정확한 사고는 자기 혼자 하는 일입니다. 남의 말에 관심을 보일 필요는 없어요.

소망은 사실의 아버지라는 말, 혹시 들어보셨어요? 그런 생각을 한 번이라도 해보셨나요? 소망에서 사실을 이끌어내는 죄를 저질러보신 분 혹시 계십니까? 희망적 소원hopeful wishing이라고들 하죠. 많은 사람이 자기 욕구에 따라 사실을 추측하는 나쁜 습관을 갖고 있습니다. 내가 하고 싶은 일에 맞춰 사실을 추정하는 것만큼 쉬운 일이 또 있을까요? 소망을 사실로 바꾸려면 추정에서 그치지 말고 행동에 옮겨야 합니다.

저는 현재 고인이 된 갱단 두목 알 카포네와 긴 시간 인터뷰를 한 적이 있습니다. 그는 법을 위반하고 이 나라 국민에게 피해를 입힌 범죄자였습니다. 그런데 놀랍게도 본인은 중상모략을 당했다고 생각하고 있었어요. 카포네는 합법적인 사업에 정부가 쓸데없이 참견했다고 주장했습니다. 자기 입으로 합법이라고 하더군요. 금주법 시행 중에 위스키를 팔았지만 목마른 이들의 갈증을 해소해줄 음료를 팔았을 뿐이라고요. 제 손으로 돈을 주고 물건을 산 당사자들이 기뻐하는데 이렇게 합법적인 사업에 정부가 관여하지 말았어야 한다고 했습니다. 카포네는 자기 생각에 몰입한 상태였어요. 법 때문에 큰 피해를 입었다고 확신에 차서 주장했습니다.

제가 만난 모든 범죄자와 범법자는 '나는 법을 지키고 있다' '내 권리를 찾고 있다'라는 생각에 빠져 있었습니다. 법이 자신을 건드릴 이유도, 권한도 없다고 생각하더라고요. 자신의 행동을 정당화하기는 참 쉬워요. 여러분도 스스로를 감시하지 않는다면 이성을 잃고 자기 행동을 정당화할지 모릅니다. 정확한 사고를 하지 않으면 그렇게 돼요.

이 세상에는 정보가 넘쳐나고 대부분 공짜입니다. 하지만 사실은 그 성격을 규정하기 힘들고 일반적으로 대가가 따르죠. 얼마 전, 이런 질문을 받았습니다. 돈을 더 벌 필요가 없다면서 지방 순회강연을 할 때 참가비를 받는 이유가 뭐냐고요. 제가 뭐라고 대답했을까요? 저는 이렇게 말했습니다. "교인이십니까?" 그는 "아, 그럼요. 당연하죠"라고 대답했습니다. "교회에 직접 나가세요?"라는 제 질문에는 이렇게 대답했습니다. "예, 가끔은요." 저는 또 물었지요. "선생님이 다니는 교회는 일요일 아침마다 사람들로 가득 차나요?" 그는 아니라고 했습니다. "아니, 아닙니다. 그렇지 않아요. 오는 사람은 별로 없습니다."

저는 다시 물었습니다. "교회의 문제가 뭔지 아십니까?" 그는 "아니요, 문제가 있나요?"라고 대답했어요. "제 강연을 한 번이라도 들어보셨나요?"라는 질문에는 이렇게 답했습니다. "예, 지금까지 여기서 하신 강연에는 다 참석했습니다." 참고로 이분은 패리스 주민이었어요. 저는 말했죠. "패리스에서 첫 방송을 하던 날은 이번 겨울 들어서 가장 추운 날이었죠. 그런데 100킬로미터 밖에서 오신 분도 있다는 사실을 아십니까? 신청한 사람은 한 분도 빠짐없이 참석했고 관객석이 부족할 정도였습니다. 보셨는지요?" 그가 말했습니다. "예, 봤습니다. 안 그래도 신기하다고 생각했어요. 비결이 뭔지 궁금했습니다." 제가 이유를 설명했습니다. "참가비를 받았기 때문입니다. 그게 비결이에요. 만약 제가 교회를 운영했다면 저는 신도석마다 가격을 붙이고 돈을 지불하게 했을 겁니다." 돈을 받지 않아서 신도를 놓친다는 것. 그게 교회의 문제거든요.

여러분, 가치가 있는 것에는 전부 가격이 붙어 있어야 합니다. 실제로도 가격이 정해져 있고요. 여러분이 무언가를 공짜로 나눠준다면 받는 사람은 그 물건의 가치도 가격과 같다고 생각합니다.

정확한 사고를 하는 사람은 "그걸 어떻게 아세요?"라는 질문을 가장 좋아합니다. 의문이 드는 말을 들으면 속으로든 입 밖으로든 이렇게 물어요. "그걸 어떻게 아세요?" 이렇게 짧은 문장을 던지는 습관을 들이면 상대가 곤란해서 우물쭈물하는 모습을 놀랍도록 자주 볼 수 있습니다. 자기가 한 말에 근거를 대지 못하는 사람이 너무도 많아요. 왜, 어째서 그런 말을 했는지 설득력 있는 이유를 내놓지 못합니다. "그걸 어떻게 아세요?" 우리는 이 질문을 더 자주 해야 합니다.

패리스 강연과 같은 주제로 강연을 하고 있을 때였어요. 종교를 믿지 않는 듯한 관객이 말했습니다. "힐 선생님, 선생님께서 들으시면 난처할 질문이 하나 있습니다." 제가 말했습니다. "망설이지 말고 하세요. 저를 난처하게 한다면 아주 대단한 분이겠네요. 저는 전문가 앞에서도 당황한 적이 없는데 말이죠." 그가 말했습니다. "제가 '그걸 어떻게 아세요?'라고 묻는다고 가정해볼게요. 제가 선생님께서 하느님을 믿는지, 또 하느님이 존재한다고 믿는지를 묻고 '그걸 어떻게 아세요?'라고 한다면 난처하지 않으실까요?" 저는 대답했습니다. "하느님이 존재한다는 증거는 이 우주에 무엇보다도 많습니다. 서로 다르게 묘사할 수도 있고, 서로 다른 이름으로 부를 수도 있죠. 하지만 다 같은 말입니다. 만물의 근원, 우주의 설계자, 이 세계를 움직이는 전체적인 계획의 증거를 원하십니까? 그건 모든 물질의 원자에서 찾을 수 있습니다. 우주에 떠다니고 있는 모든 행성, 태양에서 찾을 수 있어요. 인간과 모든 생물이 그 증거입니다. 전부 질서를 지키며 전체적인 계획을 따르고 있잖아요. 여러분, 전체적인 계획은 저절로 생기지 않습니다."

그러고는 손목시계를 풀고 말했습니다. "여기 아주 정확하고 믿음직한 시계가 있습니다. 시계를 분해해 톱니

바퀴를 떼고 모자에 넣은 후 지구가 멸망할 때까지 흔든다고 해봅시다. 시계를 재조립해 시간을 확인하는 건 영영 불가능하겠지요?" "네, 그러겠지요"라는 대답을 듣고 저는 설명을 이었습니다. "하지만 시계 기술자에게 들고 가면 어떨까요. 처음 설계를 했고 시계를 이해하고 있으니 그 사람이 톱니바퀴를 다시 끼우면 시계가 다시 움직이겠죠?" 그가 말했습니다. "네, 그럴 겁니다." 저는 결론을 내렸습니다. "우주에서 움직이고 있는 모든 것의 뒤에는 지성이 있습니다. 그 지성이 우리가 말하는 하느님이에요. 저는 무한한 지성이라 부르죠." 이렇게 저는 만물의 근원이 있다는 제 생각을 증명했습니다. 뒷받침하는 증거도 많아요.

정확한 사고의 세 가지 요소 중 하나가 논리라고 했죠. 몇 년 전, 제가 논리 원칙을 적용한 사례를 소개해드릴게요. 한 학생이 직접 쓴 동화책 원고를 들고 저를 찾아왔습니다. 아주 잘 썼더라고요. 고양이, 강아지, 까마귀, 새, 말, 닭 같은 동물 사진을 조잡하게 붙이고 동물의 입가에 글자를 써 넣었습니다. 그러니까 새, 고양이, 강아지가 서로 대화하는 설정이었던 거예요. 그걸 대사로 표현했더라고요. 아주 영리한 전략이었죠. 하지만 시어스 로벅(우편주문으로 유명해진 미국의 종합유통업체-옮긴이) 카탈로그와 『레이디스홈저널The Ladies Home Journal』 잡지 등 여기 저기에서 잘라 붙인 그림은 심각하게 조잡했습니다. 문법도 형편없었어요. 아이디어는 최고였는데 말이죠. 학생은 원고를 인쇄업자에게 넘기기 전에 저를 찾아왔다고 했습니다. 책을 찍자고 학생을 설득한 인쇄업자는 2500달러를 요구하고 있었습니다. 학생은 2500달러가 없었기에 친척에게 1500달러를 빌려야 했어요. 1000달러는 저금해둔 게 있었고요.

저는 이런 말로 반대 의견을 냈습니다. "업자가 책을 찍는다면 자네는 겨우 몇 권 받아서 지하실에 보관하고 말겠지. 자, 논리를 이용해서 정확한 사고를 하고 싶은가? 그렇다면 문법을 교정해줄 사람, 그림을 제대로 그려줄 수 있는 사람을 찾아가게. 그러고 나서 원고를 출판사에 보내면 그쪽에서 책을 인쇄하고 팔아줄 거네."

저는 그 정보를 어떻게 얻었을까요? 직접 몸으로 부딪혀 경험했고, 자비출판이라는 실수를 저지른 주변 사람들을 관찰했기 때문입니다. 그 학생은 논리 원칙 덕분에 2500달러를 아낄 수 있었습니다. 나중에는 정식으로 책을 출간해 돈도 많이 벌었어요.

정확한 사고에 대한 이야기는 뒤에 조금 더 이어서 하겠습니다.

정확한 사고는 이렇게 해야 한다

지금부터는 사실과 잘못된 정보를 분리하는 기준을 알려드리려고 합니다. 이것이 이번 수업에서 가장 중요한 내용일 겁니다. 결정을 내리기 위해 정보를 평가하고 분석하는 법, 정확한 사고를 가로막는 함정을 피하는 법에 대해서도 배워볼 예정입니다.

신문에서 읽거나 라디오에서 들은 정보는 유별날 정도로 깐깐하게 분석해야 합니다. 어디서 읽었다거나, 어디서 들었다거나, 누가 이렇게 말했다거나 하는 이유만으로 무조건 사실로 받아들이지 않는 습관을 들여야 해요. 어느 정도의 사실을 담고 있는 말은 의도와 상관없이 왜곡되어 의미가 잘못 전해질 때가 많습니다. 예를 들어, 정치인이 어떤 말을 했다고 가정해봅시다. 사실을 찾고 싶다면 그가 한 말을 반대로 뒤집어보세요. 그러면 진실에 아주 가까운 정보가 나옵니다. 무슨 말인지 잘 아시겠죠? 누가 썼든 책을 읽을 때도 한 글자, 한 글자 꼼꼼하게 분석해야 합니다. 최소한 지금 알려드릴 질문을 던진 다음 만족스러운 답변을 얻기 전까지는 한마디도 그냥 받아들이지 마세요.

그 질문은 조금 뒤에 알려드리겠습니다. 제 책을 읽은

분도 많으시죠? 제 책에도 다른 책과 똑같은 방법을 적용해야 합니다. 저를 어떻게 생각하시든 상관없습니다. 저라는 사람을 믿어도 제 책의 내용을 믿을 수 있는지는 따로 평가해야 해요. 같은 수단과 방법으로 다른 사람의 말이나 글의 신뢰성도 평가할 수 있습니다.

제 책을 평가하려고 하는데 믿을 만한지 잘 모르겠다 하시는 분들을 위해, 판단에 참고할 통계 자료를 잠깐 소개하겠습니다. 하나, 제 책을 읽은 6500만 명 중 대다수가 도움을 받았다는 사실을 밝혔습니다. 둘, 지난 24년 동안 제가 쓴 책은 총 2340만 달러 이상을 벌어들였고 전 세계 60퍼센트가 넘는 국가에 출간되었습니다. 셋, 책에 실린 정보의 출처는 미국 역사상 가장 성공한 위인 500명입니다. 완성된 원고는 과학자들의 검토를 거쳐 모든 문장이 과학법칙과 우주의 자연법칙에 완벽하게 일치한다는 확인을 받았고요. 이러한 사실을 염두에 두고 직접 책을 읽으면서 논리를 적용해봅시다. 그러면 답이 나오겠죠?

제 책의 신뢰성을 더 정확히 판단하고 싶다면 먼저 책을 읽은 독자를 대상으로 설문조사를 하는 방법도 있어요. 구체적으로 어떤 도움을 받았는지 물어보세요. 설문조사를 진행하면서 책의 내용이나 철학을 왜곡하거나 훼

손하는 사람이 있는지도 보시고요. 제 책의 신뢰성은 그렇게 평가하면 됩니다. 그렇게 하신 분이 몇 분이나 될까요? 네, 당연합니다. 아무도 그렇게 안 하셨겠죠. 대부분 액면 그대로 받아들이셨을 겁니다. 하지만 정말로 제 책을 직접 평가해보고 싶다면 방금 알려드린 방법을 사용하시면 됩니다.

작가는 이렇게 평가하세요. 가장 먼저 해야 할 질문은 '그 분야에서 인정받은 권위자인가?'입니다. 온갖 주제에 관해 쓰는 작가가 넘쳐나지만 그중에는 책을 쓸 자격이 없는 사람도 있습니다. 그렇다고 책을 못 쓰게 할 방법은 없죠. 자비로 책을 출판해 인쇄하거나, 도박을 할 출판사를 찾는다면야 누구든 원하는 주제로 책을 쓸 수 있습니다. 시중에 나온 책들을 보면 그 주제에 대한 정확한 정보가 부족한 상태에서 쓰인 것이 많더라고요.

두 번째로 할 질문은 '저자에게 정확한 정보를 전달하는 것 외에 사리를 추구하려는 동기가 숨어 있는가?'입니다. 전에도 말씀드렸지만 사람은 동기 없이 행동하지 않습니다. 어떤 책이나 연설, 발언의 동기를 이해하면 그 내용이 정확한 정보인지, 단순한 추측인지, 제대로 조사도 거치지 않은 의견에 불과한지 거의 정확히 판단할 수 있습니다.

세 번째로는 '저자의 목적이 프로파간다propaganda인가?'라고 물어야 합니다. 여론을 조성하기 위해 돈을 받고 글을 쓰는 사람은 아닌지 의심하는 겁니다. 지난 20~25년 사이 널리 쓰이게 된 단어 '프로파간다'는 전 세계에 막대한 피해를 입혔습니다. 그렇다 보니 정확한 사고를 하고 싶은 사람에게는 필수 과정이 생겼습니다. 우리 조국, 정부 형태, 생활방식 등 미국에 영향을 주는 모든 것의 가치를 부정적으로 표현하는 사람의 글이라면 무조건 철저히 검토하게 되었죠. 글쓴이의 배경을 더 유심히 살펴보게 되었습니다. 그들은 인쇄물로 주장을 펼칩니다. 아주 강경한 주장도 있어요. 그런 글을 쓰는 사람 중에는 많이 배우고 유능한 작가도 포함되어 있습니다. 대학에서 학생을 가르치는 훌륭한 교수도 있고요. 교회에서도 찾아볼 수 있습니다. 멀쩡한 성직자들이 설교단에 서서 넌지시 자신의 철학을 가르칩니다. 목표는 사람들의 생활방식을 무너뜨리는 거예요. 어수룩한 사람은 자기도 모르는 사이에 그런 주장을 믿게 됩니다. 대부분 순진하게 그대로 속아 넘어가요. 잠시 짬을 내서 필자나 화자의 배경을 확인하지 않았기 때문입니다. 분석을 거치지 않고 남의 의견을 머리에 입력하는 거예요.

다음으로 할 질문은 '저자가 해당 주제로 금전적 수익

이나 다른 이익을 얻는가?'입니다. 그렇다면 정확하지도 않은 말을 할 수 있겠죠? 사람은 돈이 연관되면 자신에게 유리한 방향으로 진실을 왜곡하기 쉽습니다. 물론 이 책을 읽고 계신 여러분과는 관계없는 이야기죠. 여러분은 일과 사업에 있어 진실만을 고수하잖아요. 콩을 파는 분은 소비자가 포장된 용기 안에 썩은 콩이 있냐고 물으면 이렇게 대답해야 합니다. "그럼요, 썩은 콩 많습니다. 하지만 쌩쌩한 콩도 많아요." 그렇게 하고 계신가요?

지난주에 저는 일리노이주 세일럼 근처 도로에서 자몽 한 포대를 구입했습니다. 자루 입구가 벌어져 상단 부분을 볼 수 있다는 점이 좋았어요. 하지만 집에 와서 보니 상인이 보여주지 않은 아래쪽 과일은 죄다 썩어 있었습니다. 곧장 자루를 차에 다시 실었어요. 다음 주에 세일럼으로 갈 때 상인에게 선물로 줄 생각입니다. 제가 보는 앞에서 자몽을 먹어보라고 하려고요. 팔 때 보여주지 않은 자몽 말이에요. 장사하는 사람이 그런 짓을 할 리 없을 것 같죠? 하지만 그러는 사람도 있습니다. 쉬운 길, 정직하지 않은 길, 가장 장애물이 적은 길을 택해요. 모든 강이 굽어지듯 그들은 비뚤어지기 마련입니다.

그다음에는 필자나 화자가 해당 주제에 광신도는 아닌지, 건전한 판단력을 가지고 있는지 물어야 합니다. 요즘 세상에는 광신도가 판을 칩니다. 방송에 종종 나오죠? 가끔은 책도 쓰고요. 그런 사고방식에 영향을 받는 분은 정확한 사고를 한다고 할 수 없습니다. 정확한 사고 근처에도 오지 못해요. 타인이 감정을 이용해 접근한 후 이성을 지배하고 생각을 주입하는데도 가만히 있잖아요. 때로는 해로운 생각을 무작정 받아들입니다. 광신도는 다른 사람을 흔들고 흥분시키기 위해 광기를 표현하며 즐거워할 때도 많아요. 무엇을 빼앗으려는 목적이 아닙니다. 그냥 선동을 하고 싶은 거죠.

다음으로 해야 하는 질문은 '필자나 화자를 확인하고 검증할 수 있는 합리적인 출처가 있는가?'입니다. 합리적인 출처 말이지요. 제가 패리스에 올 계획이라고 했을 때 제 이름을 모르고 책도 안 읽어본 분이 많았습니다. 그분들에게는 저를 평가할 근거가 없었죠. 하지만 제대로 평가를 하는 분도 계셨습니다. 조사를 하고 제 배경을 확인하고 저서 목록을 살폈습니다. 몇 분은 실제로 책을 읽기도 했고요. 대체로 제가 어떤 사람인지 전혀 모르는 사람들이 가장 심하게 비난을 퍼부었습니다. 제 책을 한 권도 안 읽어서 판단할 정보도 없으면서요. 그렇게 기가 막힌 생각을 한 건 누구였을까요? 네, 평행선 반대편에 서 있는 분들이었습니다. 누구보다도 이 철학을 배워야 하지만 영영 그럴 일은 없겠죠. 제 배경을 확인한 분들은 지난 35년, 40년 동안 제가 어떤 일을 했는지 알게 되셨을 겁니다. 최종적으로는 이 철학 자체를 분석해 판단하고 어디에 적용하든 효과적이라는 사실을 발견했고요. 다시 말해, 그분들은 정확한 사고를 한 거예요.

다음에는 필자나 화자가 진실한 사람인지 평판을 확인해야 합니다. 이 세상에는 진실하지 않은 사람도 있습니다. 특히 정치계예요. 정치인에게 영향을 받을 것 같다면, 이 세상에 정치계만큼 진실하지 않은 곳이 없다는 사실을 기억하세요. 제가 어릴 때만 해도 정치인이라고 하면, 예를 들어 국회의원이라고 하면 우러러봤어요. 하지만 지금 정치는 추하고 악평이 자자한 세계를 뜻하는 말이 되어버렸습니다. 정의와 공정함이 존재하지 않는 세계죠. 자신의 장점이 아닌 상대의 약점을 이용해 선거에서 이기려 합니다. 이렇게 이상한 영업 방식이 또 있을까요? 사고방식부터가 괴상합니다.

물론 예외도 있습니다. 그런 방법에 의지하지 않으려 애쓰는 정치인도 있어요. 하지만 그건 소수예요. 그러니 유권자 여러분, 자신과 이웃을 위해서라도 동료를 물어뜯어 출세하려는 정치인에게는 휘둘리지 말아야 합니다.

그다음에는 누가 접근하려 하든 조심하고 스스로 판단

하는 법을 배워야 합니다. 어떤 말을 들었을 때 잘 이해가 되지 않고 여러분의 경험과 논리에도 일치하지 않는다면 추가로 검토하는 과정이라도 거쳐야 해요. 정보를 더 얻기 전까지는 꼼짝하지 않는 게 좋습니다. 거짓에는 희한하게도 항상 경고음이 따라옵니다. 특히 그 말을 하는 사람의 말투에서 드러나요. 그 느낌을 알아차리는 것이 바로 직감입니다. 신기하지 않습니까? 어떤 형식이든 거짓말에는 신비한 경고음이 들린다는 사실 말이에요.

거짓의 경고음

솔직히 말하자면 지금까지 저를 실망시킨 사람은 많지만 저를 속인 사람은 한 명도 없었습니다. 가끔 매니저를 고용할 때가 있어요. 지금까지 열 명 정도 함께 일했는데 대부분 형편없었습니다. 저를 위해 일하기보다는 다른 목적으로 저를 이용하는 데 관심이 있었어요.

그런 매니저를 채용하려 면접을 볼 때에도 경고음이 들렸습니다. 하지만 사람을 써야 했기에 그나마 기준에 부합하는 지원자를 택할 수밖에 없었죠. 그를 믿어서가 아니라, 머릿속으로 들리는 경고음이 오류고 사실은 괜찮은 사람이기를 기대했기 때문입니다. 하지만 그런 경우는 흔치 않았어요.

사업이나 사회생활을 하는 자기 모습을 관찰하다 보면 언제나 거짓에 따라오는 경고음이 들릴 겁니다. 어떻게 감지하는지는 제가 알려드릴 수 없어요. 본인 스스로만 느낄 수 있기 때문입니다. 보통은 남성보다는 여성이 더 잘 느껴요. 여성은 남성의 구애를 받을 때 말보다 그 말을 하는 방식에 더 집중한다고 들었습니다. 맞나요, 여성 여러분? 맞을 것 같아요. 남자가 하는 말의 내용보다는 말을 하는 방식이 여성에게 더 많은 정보를 전달합니다. 여성의 직감은 남성보다 훨씬 예리하죠. 남자가 거짓말을 하는지, 좋은 인상을 주려고 꾸미고 있는지, 진심으로 이야기하는지 알 수 있습니다.

저는 정체를 알고 싶은 사람을 만날 때 항상 아내 애니루를 데리고 갑니다. 아내는 직감이 아주 날카로워요. 알고 싶은 상대와 아내가 잠시 단둘이 대화를 하게 합니다. 아내는 집에 돌아와서 숨겨진 정보를 전해주지요. 아내의 판단이 틀린 적은 한 번도 없었습니다.

대체로 여성의 직감은 아주 예리하지만 많은 여성이 그 직감에 이끌리지 않으려 애를 씁니다. 오히려 직감을 무시하는 편이죠. 그럴 때면 문제에 직면하기 일쑤고요.

맞죠, 여성 여러분?

다른 사람에게서 사실을 얻으려 할 때 유용한 고급 정보를 하나 알려드릴게요. 어떤 사실을 원하는지 밝히지 마십시오. 사람은 습관적으로 상대의 뜻을 받아주기 때문입니다. 사실을 왜곡하거나 과장해서라도 상대가 듣고 싶어 하는 말을 해줍니다. 아무나 멈춰 세우고 어디 이름 모를 외진 곳으로 가는 길을 물어보세요. 그 사람은 길을 가리키며 이렇게 말할 겁니다. "아, 저쪽으로 3킬로미터 정도 가셔서요, 오른쪽으로 꺾어 3킬로미터를 갔다가 거기서 쭉 3킬로미터를 더 가면 돼요." 사실 반대 방향일지도 모르는데 그는 길을 모른다는 말을 절대 하지 않아요. 언제나 정보를 줍니다.

사람들 대부분이 그래요. 자기가 모른다는 사실을 인정하지 않으려 합니다. 상대가 기대하는 대답을 눈치 채면 그 대답을 주고자 하는 것은 인간의 공통적인 특징이자 약점입니다. 그걸 잊지 마세요. 진심으로 정보를 원한다면 듣고 싶은 말이 무엇인지 조금의 힌트도 제공해서는 안 됩니다. 그렇게 하면 상대는 이야기가 어느 방향으로 가는지 전혀 모르기 때문에 방심하고 진실을 이야기할 거예요.

지금까지 전해드린 모든 내용이 정확한 사고라는 주제

에 포함됩니다. 과학은 사실을 정리하고 분류하는 기술이죠. 사실인지 확인하고 싶다면 과학 자료 아무거나 찾아서 테스트를 해보세요. 과학자에게는 사실을 수정·변경·왜곡할 이유가 없습니다. 그럴 의향도 없고요. 과학자는 이 세상에서 가장 정확한 사고를 하는 사람들이에요. 자신이 찾고자 하는 사실이 아니라, 그곳에 존재하는 모든 사실을 찾기 때문입니다.

퀴리 부인이 라듐을 찾기 시작했을 때는 아무도 라듐이라는 물질을 몰랐습니다. 원자에 분자가 몇 개가 있는지, 어디서 찾아야 하는지 몰랐어요. 퀴리 부인은 열린 마음으로 연구를 시작했습니다. 열린 마음이 없었더라면 퀴리 부인은 절대 라듐의 존재를 발견하지 못했을 거예요. 퀴리 부인은 귀납적 추론을 통해 라듐이라는 금속이 있다는 전제를 세웠고 과학적 원칙에 따라 마침내 라듐을 분리하고 추출해냈습니다.

정확한 사고를 할 때 고려할 점이 하나 더 있습니다. 사람의 감정이 언제나 정확하지는 않다는 거예요. 오히려 95퍼센트는 부정확합니다. 부정적이든 긍정적이든 모든 감정이 그래요. 감정에 지나친 영향을 받기 전에 일단 눈앞에 닥친 문제를 머리로 판단해보세요. 가슴보다는 머리가 더 믿을 만합니다. 이 사실을 잊은 사람은 보통

땅을 치고 후회하지요.

정확한 사고의 장애물

정확한 사고를 가로막는 몇 가지 주요 장애물이 있습니다. 그중 첫 번째가 무엇인지 아무도 예상하지 못할 거예요. 모든 위대한 감정 중에서 정확한 사고의 최대 적은 사랑입니다. 정확한 사고를 하려거든 가슴의 양끝에 끈을 달아서 항상 양쪽 끝을 붙잡고 있어야 해요. 사랑에 푹 빠져 무너지는 한이 있어도 줄의 양쪽 끝은 절대 놓지 마세요. 최소한 한쪽이라도 붙잡고 있어야 합니다. 사랑에 굴복할 때 이성을 잃고 감정의 수렁에 빠져 다시는 올라오지 못하는 사람도 있어요. 안타까운 일이죠. 가장 위대한 감정이 때로는 가장 위험한 감정이 된다니 말이에요.

정확한 사고를 하는 사람에게는 사랑이 결코 위험하지 않습니다. 솔직히 고백하자면 저도 살면서 수없이 사랑을 해봤습니다. 연애를 많이 해본 사람의 말이니 믿으셔도 돼요. 하지만 일평생 한 번 빼고는 상처를 받지 않았습니다. 상처를 준 적도 한 번밖에 없는 것 같아요. 그리고 상처를 받은 그 한 번은 감정이 폭발해서 잡고 있던 끈을 깜박 놓쳤을 때였습니다. 완전히 이성을 잃고 대가를 톡톡히 치러야 했어요. 현금으로 최소 100만 달러는 들었습니다. 보통 일이 아니었죠. 다행히 대가를 치를 돈은 있었지만 그때 느낀 슬픔과 괴로움에 비하면 돈의 액수는 별것도 아니었습니다. 회복하고 출발선에 다시 서는 데만 5년이 걸렸어요. 아마 처음 공개하는 사연일 거예요. 하지만 제가 이 얘기를 꺼낸 이상, 누구든 같은 경험을 할 수 있다는 사실을 아셔야 합니다. 저는 자제력이 강한 편이지만 그때는 자제력을 잃고 싶었기에 그렇게 했습니다. 위험한 상대와 일생일대의 사랑을 해보고 싶어 그렇게 한 거예요. 한 가지 더 말씀드리자면 후회는 없습니다. 결국은 극복하고 교훈을 얻었기에 가치 있는 경험이었어요.

솔직히, 수치스러운 일을 고백하는 것은 정신적으로 좋습니다. 여러모로 그럴 가치가 있어요. 첫째, 이 일을 통해 저는 다시는 그러지 말아야 한다는 것을 배웠습니다. 둘째, 제가 충분히 강한 사람이라는 사실을 알게 되었어요. 비록 가장 강력하고 위대한 감정 앞에 무릎을 꿇기는 했지만 이성과 평정심을 되찾았잖아요. 앞으로는 누가 접근해도 저를 갖고 놀지 못할 겁니다. 사실 상대가 저를 갖고 놀지는 않았죠. 제가 저를 농락했으면 몰라도요. 스스로 불구덩이에 뛰어들었으니까요. 그 기분을 알고 싶었습니다. 다른 경험은 거의 다 해봤기 때문에 사랑에 푹 빠지면 어떤 느낌인지 알고 싶었어요. 그리고 알아냈습니다, 여러분. 100만 달러는 전혀 아깝지 않았어요.

정확한 사고를 가로막는 요인에는 그 밖에도 증오, 분노, 질투, 공포, 복수심, 탐욕, 허영, 이기심 등이 있습니다. 무언가를 원하는 마음, 아무것도 하고 싶지 않은 마음, 일을 미루는 습관도 있고요. 화를 낼 때에도 정확한 사고를 할 수 없습니다. 꼭 기억하세요. 건설적이든, 긍정적이든, 부정적이든 감정에 사로잡혀 있는 한은 정확한 사고를 할 수 없습니다. 여러분, 정확한 사고는 아주 냉혈한 작업이에요. 냉정해져야 합니다. 이건 가슴이 아니라 머리로 하는 일이에요.

저는 마음을 표현하지 않는 사람이 되고 싶지는 않습니다. 그건 로봇 인간이죠. 좋은 감정을 차단하라는 말이 아닙니다. 모든 감정을 차단하라는 말도 아니고요. 하지만 늘 자제력을 발휘해 감정을 조절할 수 있어야 합니다. 감정에 지배당하지 않고 생각을 해서 사실을 받아들여야 한다고 했죠. 그러려면 자제력으로 감정을 억누르고 가슴이 아닌 머리로 냉정하게 생각해야 합니다.

사랑은 분명 이 세상에서 가장 위대한 감정입니다. 사랑이 없었다면 문명은 존재하지 않았을 거예요. 사랑이 없는 인간은 동물에 지나지 않습니다. 하지만 그렇기에 사랑은 가장 위험한 감정이기도 합니다. 정확한 사고를 하지 않으면 틀림없이 위험해져요. 다들 공감하실 겁니다.

종교에 광적으로 빠져도 위험합니다. 그거야말로 정확한 사고의 적이에요. 교리가 건전한지, 내게 도움이 되는지 실용적으로 판단해야 합니다. 그렇지 않고 광신도의 관점으로 종교를 바라본다면 절대 정확한 사고를 할 수 없습니다.

정치를 맹신해도 정확한 사고를 하기 힘들죠. 저는 운 좋게도 프랭클린 D. 루스벨트 대통령의 첫 번째 임기 중에 루스벨트 대통령 가까이에서 일한 적이 있습니다. 측근 중에는 대통령이 하늘에서 내려온 인물이라고 생각하는 사람들이 있었습니다. 하지만 완전히 반대로 생각하는 사람들도 있었어요. 양쪽 모두 지식을 바탕으로 하지는 않았습니다. 그보다는 대통령의 국정 운영을 자기가 어떻게 생각하느냐에 따라 의견이 갈렸습니다. 이런 게 광신주의죠. 지독한 광신주의의 예를 찾고 싶다면 종교와 정치 분야를 보면 됩니다. 그다음이 경제고요.

여러분이 온전히 통제할 수 있는 대상은 생각하는 능력뿐입니다. 어떤 경우에도 이 특권을 남에게 내주지 마세요. 무절제한 열정과 상상도 정확한 사고를 막는 위험한 요소입니다. 이 두 가지는 특히 주의 깊게 감시하기 바랍니다. 통제를 벗어날 때 아주 위험해지는 녀석들이에요.

열정을 쏟는다는 것은 멋진 일이죠. 사실 모든 성공 뒤에는 열정이 있습니다. 상상도 굉장한 힘입니다. 무언가를 창조하거나 실체를 눈으로 확인하기 전에 머릿속으로 그려볼 수 있잖아요. 열정과 상상력이 없었다면 현재 우리가 아는 미국의 위대한 생활방식, 편의 시설은 존재하지 않았을 겁니다. 지금처럼 부유한 나라도 될 수 없었겠죠. 아직도 인디언이 이 나라를 이끌고 있을 겁니다. 뭐, 그랬더라도 아주 나쁘지는 않았겠지만요.

마지막으로, 정확한 사고를 하려면 끊임없이 머릿속에 물음표를 띄워야 합니다. 만족스러울 정도로 사실을 입수하기 전까지는 모든 것, 모든 사람에 의문을 품으세요. 이 작업은 조용히, 소리 내지 않고 속으로만 합니다. 의심 많은 사람으로 찍히지 않도록요. 남의 말을 귀담아 듣되, 동시에 정확한 사고를 합시다.

제3장

실행하는 믿음

이번 장에서는 실행하는 믿음에 대해 알아보겠습니다. 미리 말씀드리자면 일반적인 의미의 종교와는 아무 관련이 없습니다. 그 각도에서 접근하는 게 아니에요. 믿음이란 어떤 기술로 길러야 하는 마음의 상태를 말합니다. 그 기술을 이용하면 무엇을 목표로 하든 자신의 마음을 완전히 지배하고 목표에 전념할 수 있습니다. 목표가 달성된다는 '신념'을 갖고 말이죠. 여러분, 이번에 공부할 원칙의 핵심어는 바로 이 '신념'이라는 단어입니다.

혹시 클로드 브리스톨Claude Bristol이 쓴 『신념의 마력』이라는 책을 읽어보셨나요? 안 읽어보셨다면 꼭 읽어보세요. 강력하게 추천합니다. 믿음이 무엇이고, 믿음으로 무엇을 얻을 수 있는지 아주 예리한 관점으로 이야기하기 때문에 시간이 아깝지 않을 겁니다.

믿음을 가진 사람은 최면에 가까운 힘으로 무한한 지

성을 접하고 사용할 수 있게 됩니다. '최면'이라는 말에 놀라지 마세요. 인식하지 못해도 우리는 평생 최면을 활용하고 있으니까요. 대부분은 최면을 부정적으로 쓰고 있지만요. 믿음이 아니라 두려움과 스스로 정한 한계에 빠져버리는 식이죠. 그러니 실패할 수밖에요.

믿음을 기르는 데 필요한 요소

믿음을 기르려면 몇 가지 요소가 필요합니다. 가장 먼저 명확한 목표를 세워야 해요. 원하는 목표에 마음을 고정하고 불타는 열망으로 목표를 바라봅니다. 불타는 열망은 바람이나 소원과는 차원이 다릅니다. 바람과 소망은 모든 사람이 품고 있죠. 다들 일을 하지 않고도 돈을 많이 벌기를 원합니다. 유명해지고 싶고, 인정받고 싶고, 몸이 건강하기를 바라지요. 하지만 여기서 말하는 실행하는 믿음은 그런 수준이 아닙니다. 명확한 목표를 이루겠다는 열망을 불태우는 것이죠. 실행하는 믿음이 있는 사람은 목표를 이루고 말겠다는 신념을 키웁니다.

전에 이런 수업을 진행한 적이 있어요. 학생들에게 조용한 방으로 가서 크든 작든 각자 원하는 목표를 적고 큰 소리로 읽어보라고 했습니다. 거울을 보며 그 목표를 이 룰 것이라 다짐하라고 했어요. 여러분도 해보시기를 권합니다.

둘째, 믿음을 기르려면 두려움, 시기, 증오, 질투, 탐욕 같은 부정적인 감정에서 벗어나 긍정적인 마음을 먹어야 합니다. 시기, 탐욕, 공포, 질투 같은 부정적인 감정이 마음을 차지하고 있는 동안에는 실행하는 믿음을 활용할 수 없어요.

여러분, 왜 기도를 해도 부정적인 결과밖에 나오지 않는 걸까요? 이유를 생각해본 적 있으신가요? 기도에 대한 응답이 왜 돌아오지 않는지 궁금하지 않으십니까? 하지만 사실은 그렇지 않습니다. 자, 이 얘기가 어떤 분에게는 충격적일 수 있어요. 모든 기도는 응답을 받습니다. 기도를 할 때의 마음가짐과 정확히 일치하는 응답을 받아요. 보통 우리는 실패하고 죽을 만큼 겁을 먹은 후에야 기도를 올립니다. 기도가 이루어진다는 믿음은 절반밖에 되지 않아요. 아니, 절반도 안 됩니다. 때로는 분수에 맞지 않는 뭔가를 달라고 기도하기도 합니다. 가질 자격이 없다는 사실을 알면서도 말이죠. 원하든 원하지 않든 기도는 그에 걸맞은 응답을 받고 있습니다.

믿음을 키우는 데 필요한 다음 요소는 마스터마인드

동맹입니다. 믿음을 바탕으로 용기를 내뿜는 사람, 목표 달성에 영적·정신적으로 적합한 사람 한 명 이상과 동맹을 맺으세요. 실행하는 믿음을 자유자재로 활용하려면 화합의 정신으로 도움을 주고 좋은 영향력을 전할 사람과 반드시 손을 잡아야 합니다.

남들의 인정을 받으려고 몸부림치던 초창기가 떠오르네요. 본격적으로 제 철학을 책으로 내줄 출판사를 찾으러 다닐 때였어요. 제게 좋은 영향력을 미치는 사람이 미국에 딱 한 명 있었어요. 저는 자주 플로리다까지 가서 그 사람과 하루 이틀을 보내곤 했습니다. 그가 누구냐 하면 토머스 A. 에디슨의 유일한 동업자 에드윈 C. 반스 Edwin C. Barnes였어요. 나란히 앉아 대화를 나눌 때면 반스는 제 어깨를 툭툭 치며 마음만 먹으면 뭐든 가능하다고 격려했습니다. 슬슬 그 말에 납득이 가더라고요. 믿음이 생기니 그 일을 해낼 수 있었습니다.

믿는 만큼 따라오는 성과

이 강연을 들을 때 여러분이 꼭 기억하셨으면 하는 모토가 있습니다. 종이에 적어도 좋지만 그보다는 가슴 깊이 새기세요. 어떤 목표든 마음에 품고 믿을 수 있다면 성취할 수 있습니다. 이 문장에는 세 가지 핵심어가 있어요. '품다', '믿다', '성취하다'입니다. 아이디어를 품고 계획을 세울 수 있는 사람은 많습니다. 하지만 목표를 성취할 수 있는 자기 능력을 충분히 믿지 않았기에 부정적인 결과만 나왔던 거예요.

믿음을 키우려면 모든 시련에는 그에 상응하는 보상의 씨앗이 있다는 원칙도 깨달아야 합니다. 그 원칙을 포용하고 이해하고 그 원칙으로 이득을 보지 않았다면 실행하는 믿음을 완벽하게 활용했다고 말할 수 없어요. 인생을 살다 보면 어떤 사람이든, 무슨 일을 하든, 얼마나 노력을 하든 간에 시련, 실패, 실망, 좌절을 경험하기 마련입니다. 모든 사람이 그런 경험을 하지만 어떤 경우에라도 그에 상응하는 보상의 씨앗은 존재합니다. 그렇다고 믿으셔야 해요.

한 가지 사례로 설명해볼게요. 지난가을에 저는 캘리포니아 집을 떠나 세인트루이스에서 강연 홍보를 했습니다. 꽤 많은 액수를 썼어요. 6000달러쯤 됐나? 강연료를 받고도 광고비를 채우지 못한 건 그때가 처음이었습니다. 5500달러 정도 적자가 났어요. 그걸 시련이라 표현하는 분도 계시겠죠. 아마 그럴 거예요. 심지어 패배라고 하는 분도 계실 겁니다. 하지만 저는 좌절하면서도 패배를 인정하지 않았습니다. 직원과 홍보 관계자들에게 말했어요. 돈을 벌든 잃든 아무런 차이가 없다고요. 전체적인 그림을 보면 이번 사건도 우리가 하는 일의 일부일 뿐이고 언젠가는 좋은 결과가 나올 거라고 했습니다.

좋은 결과는 정말로 나왔습니다. 패리스에서 한 남자가 광고를 보고 세인트루이스로 저를 찾아온 겁니다. 그때 쓴 표현을 빌리자면 "제 팔을 꺾어서라도" 패리스로 끌고 가기 위해 왔다고 했어요. 그를 만나면서 이토록 대단한 프로젝트가 시작되었고 제 철학은 더 빠른 속도로 세상에 퍼져나갔습니다.

제가 성공 철학을 널리 퍼뜨릴 계획으로 패리스에 와서 라디오 방송을 기획했더라면 이보다 훌륭한 성과는 나오지 못했을 겁니다. 모든 것이 한 번의 실패한 홍보에서 우연히 출발되었어요. 확실하진 않지만 그 밖의 좋은 결과도 추가로 나올 겁니다. 이미 패리스에서의 방송만으로 손해를 메울 수 있게 되었어요. 패리스에서는 적자를 보지 않았습니다.

매일 기도하며 다짐하기

하루에 한 번은 기도를 하며 명확한 핵심 목표나 사소한 목표를 다짐하는 습관도 들여야 합니다. 어떤 종교를 믿든 상관없어요. 기도의 형식이나 방법도 각자 다르겠지요. 중요한 것은 기도의 내용입니다. 그걸 믿어야 해요. 기도의 내용을 믿고 그 믿음으로 인생의 주요 목표를 확신하세요. 목표를 이룰 수 있다는 믿음으로 매일 기도를 하면 마음가짐이 달라집니다. 그렇게 하면 기도한 핵심 목표를 이루는 데 필요한 물건과 사람, 상황이 여러분 앞에 나타납니다.

제가 하는 기도의 효과는 잠잘 때와 깨어 있을 때를 가리지 않아요. 저는 이 기도 방법을 '8인의 왕자'라고 부릅니다. 당연히 제가 직접 고안한 방법이죠. 8인의 왕자가 놀라운 효과를 내는 이유는 제가 기도를 믿기 때문입니다.

물질적 번영의 왕자는 제가 필요로 하는 자금을 끊임없이 대줘요. 지금까지 저에게 필요한 액수 이상을 구해줬지요. 곁에 두면 득이 되는 친구입니다. 여러분도 잘 알아두세요.

건강한 신체의 왕자는…… 그럭저럭 잘하고 있어요.

하지만 가끔은 저를 조금 실망시키죠. 아파서 방송을 하지 못한 때도 있었으니까요. 그때 저는 왕자를 만나 허심탄회하게 대화를 나누고 약속을 받았습니다. 제가 정말 조심하면 방송을 펑크 내는 것 같이 저를 실망시키는 일은 없을 거라고요. 일을 시작한 후로 아파서 방송을 못한 건 그날이 처음이었어요. 제게는 건강한 신체의 왕자라는 굉장한 장치가 있기 때문입니다. 이 영험한 부적은 완벽하게 제 건강을 보살피고 있어요.

다음은 평온한 마음의 왕자입니다. 이 세상에 마음의 평화보다 더 중요한 게 있을까요? 돈이 많은 사람, 성공한 사람, 유명한 사람이라 해도 예외는 아닙니다. 마음이 평화롭지 않다면 그냥 가난한 거예요. 제 철학의 주된 목표는 사람이 마음의 평화를 찾고 늘 평온한 마음을 유지하게 돕는 것이라고도 할 수 있습니다. 가끔이 아니라 항상 그렇게 되기를 바라요.

8인의 왕자에 대해서는 이 책의 말미에서 더 자세히 말씀드리겠습니다.

자신의 마음을 통제하는 능력

실행하는 믿음을 키우려면 전 우주의 질서를 잡아주는 무한한 지성의 존재도 인식해야 합니다. 이 지성의 특성과 섬세한 표현 방식은 개인의 마음과 똑같습니다. 자신이 정하지 않는 이상 한계가 없어요. 정말 놀랍지 않나요? 스스로 마음에 한계를 정하지 않는다면 우리는 무한히 자신의 마음을 활용할 수 있습니다. 여러분의 마음에 맞춰 인생의 상황이 달라집니다. 사고 능력에 제동이 걸리는 상황이 닥쳐도 덤벼서 무너뜨릴 수 있어요. 그렇게 하겠다고 마음만 먹으면 얼마든지 가능합니다.

신은 인간에게 완전한 통제권을 딱 한 가지만 내려주었습니다. 그렇다면 그 권리가 이 세상에서 가장 중요하다는 의미 아닐까요? 여러분, 이상하지 않습니까? 왜 우리 사회는 신에게 받은 이 멋진 선물을 교육과 종교로 가르치지 않는 걸까요? 사람이 자신의 운명을 결정하고 이끌 수 있는 엄청난 선물인데요. 다시 강조하지만 그 선물은 여러분이 자신의 마음을 통제할 수 있는 능력을 말합니다. 마음을 부정적으로도, 긍정적으로도 바꿀 수 있어요. 원대한 생각도, 사소한 생각도 이룰 수 있습니다. 내가 원하는 삶의 패턴을 정하고 내 방식대로 삶에 보상을 요구할 수도 있습니다. 그렇지 않은 사람은 상황을 받아들이고 삶에 이끌려 다니겠죠.

저는 종종 인생을 말에 비유합니다. 마음을 먹으면 고삐를 잡고 직접 말을 이끌 수 있지만, 자칫하면 말이 가는 대로 끌려다니며 말타기 놀이나 하게 되잖아요. 어느 쪽인지 결정을 내려야 합니다.

저는 살면서 원하지 않는 상황은 단 한 번도 받아들이지 않았어요. 앞으로도 그럴 생각은 없습니다. 아들 블레어가 청각장애를 안고 태어났을 때도 저는 인정하지 않았습니다. 믿음의 힘과 잠재의식을 사용하는 방법을 알았기에 즉각 이를 개선할 삶의 패턴을 만들었어요. 그 패턴을 통해 아이는 정상적으로 소리를 들을 수 있는 자연적인 즉석 보청기를 획득할 수 있었습니다. 제 아들이 평생 말할 수도, 들을 수도 없다는 의사의 말을 들었을 때 쉽게 인정할 수도 있었어요. 그냥 받아들이고 잊을 수도 있었습니다. 청각정애나 언어장애가 있는 사람들이 쓰는 수화, 독순술 따위를 가르치기 시작할 수도 있었죠. 하지만 저는 아들에게 그런 걸 가르치고 싶지 않았습니다. 아들이 그런 게 있다는 걸 알거나 이해한다는 것조차 싫었어요.

저는 이 세상에 불가능이란 없고 목표를 마음에 품고

믿으면 성취할 수 있다는 사실을 알았습니다. 그래서 믿음의 정신으로 아들에게 공을 들이기 시작했습니다. 9년 동안 아들에게 보청기를 내려달라고 자연에 힘을 발휘한 결과, 아들의 청력은 정상 수준의 65퍼센트까지 올라왔습니다.

여러분, 저는 실행하는 믿음을 통해 남들이 불가능하다고 말하는 상황을 가능하게 만드는 놀라운 경험을 했습니다. 그래서 그 힘을 아는 거예요. 제가 아무리 설명한들 말만 들어서는 그 어마어마한 능력을 완벽하게 이해하지 못합니다. 직접 실제로 사용하고 원하는 목표에 전념해야 해요.

인간보다 하등한 생물은 소위 본능으로 운명이 정해집니다. 이미 설계된 패턴 밖으로는 한 발짝도 벗어날 수 없어요. 하지만 인간에게는 자기가 만든 패턴이 전부입니다. 패턴은 클 수도, 작을 수도 있어요. 대단할 수도, 보잘것없을 수도 있죠. 내 운명은 내가 개척한다는 믿음으로 신에게서 받은 힘을 이용한다면 인간은 자신의 운명을 통제할 수 있습니다.

과거에 겪었던 실패와 역경을 주의 깊게 돌아보세요. 분명히 모든 경험에는 그에 상응하는 보상의 씨앗이 들어 있을 테니까요. 여러분도 곧 알게 되겠지만 제 말이

맞습니다.

지금부터는 믿음을 표현하기 좋은 마음가짐을 어떻게 만드는지 알아보겠습니다. 이러니저러니 해도 실행하는 믿음은 결국 마음가짐입니다. 내 마음가짐은 내가 통제할 수 있어요. 신사 여러분, 아내를 통제할 수 있던가요? 은행 잔고를 내 마음대로 바꿀 수도 없습니다. 하지만 자신의 마음가짐은 통제할 수 있어요. 내가 원하는 대로 바꿀 수 있습니다.

믿음을 표현하기에 좋은 마음을 먹으려면 내가 무엇을 원하는지부터 알아야 합니다. 원하는 목표를 성취하겠다는 마음을 먹고 대가로 무엇을 내줄지 결정해야 해요. 자연은 무언가를 대가 없이 공짜로 얻으려는 생각을 좋아하지 않습니다. 저도 추천하지 않아요. 이 세상에는 값을 지불하지 않고 원하는 것을 얻고 싶어 하는 사람이 있죠. 하지만 이 철학에는 해당하지 않는 이야기입니다.

기도를 통해 원하는 목표를 확인했다면 그다음에는 그 목표를 성취한 모습을 상상합니다. 쉽지는 않을 겁니다. 몇 년 전, 한 학생이 저를 찾아왔습니다. 1000달러가 꼭 필요한데 어떻게 얻을 수 있느냐고 물었어요. 일주일 안에 1000달러를 구해야 한다는 학생에게 저는 말했습니다. "앉아서 수표책을 꺼내고 자네 앞으로 1000달러 수표를 쓰게." 학생은 말했습니다. "그 방법으로는 안 됩니다. 수표는 쓸 수 없어요." 저는 말했습니다. "아니, 쓸 수 있네. 일주일 후에 현금으로 지불할 수 있게 수표를 써봐."

학생은 제가 시키는 대로 하고 마음을 다스렸습니다. 이틀 후 그 학생에게서 전화가 왔어요. 뜻밖의 곳에서 현금 1500달러를 받았다고 하더군요. 원래 필요했던 금액보다 500달러가 더 생긴 거죠. 학생은 말했습니다. "가서 수표를 현금화하려고요." 그는 그때부터 지금까지 수표를 액자에 보관해 서재 벽에 걸어두고 있습니다. 무언가를 믿고 이미 목표를 이룬 것처럼 행동하면 무한한 지성의 힘이 보답을 한다는 사실을 처음으로 절감한 계기였기 때문이에요.

실패는 이겨낼 수 있는 시험

다들 인생을 살며 여러 번의 실패를 겪을 겁니다. 인간의 운명은 여러 차례 시험을 받는다고 하죠. 실패도 수많은 시험 중 하나일 뿐이에요. 그 사실을 잊지 않기 바랍니다. 이번 장에서 한 이야기 중 다른 건 몰라도 이것만은 기억하세요. 실패, 실망, 좌절을 경험한다면 여러분은 스포트라이트 아래에서 인간인지, 쥐인지 확인하는 시험을 거치고 있다는 뜻입니다.

모든 사람이 시험을 받습니다. 저도 이 철학을 연구하고 발전시키는 20년 동안 시험을 치러야 했는걸요. 실패와 좌절이라는 시험의 압박을 견디고 일어나지 못했더라면 현재 수백만 명에게 도움을 주고 있는 수많은 성공 원칙을 결코 책으로 엮어 세상에 내놓지 못했을 겁니다.

제 인생 최고의 경험은 성공이 아닌 실패에서 나왔습니다. 실패를 딛고 일어난 덕분이에요. 저는 실패가 더 열심히 노력해야 한다는 숙제일 뿐이라고 굳게 믿었습니다. 여러분도 그런 자세로 실패를 대해야 합니다. 어차피 시험을 피할 수는 없으니까요. 저는 제가 큰 실패를 여러번 겪었다는 사실을 알고 매우 다행이라고 생각했습니다. 평범한 사람은 한두 번의 실패를 못 견디고 무너진다는 사실을 발견했기 때문이지요. 저를 쓰러뜨려 다시 일어나지 못하게 막을 수 있는 힘은 이 세상에 존재하지 않아요.

그 사실을 어떻게 아느냐고요? 제게는 실패에 대처하는 공식이 있기 때문입니다. 그 공식은 모든 상황에 적용할 수 있어요. 아무리 힘들어도, 입 가벼운 사람들이 뭐라고 떠들어대도, 많은 사람이 비판해도 저는 언제나 같은 태도로 쭉 밀고 나가고 제 성공 철학은 계속됩니다. 왜일까요? 힘들고 앞에 장애물이 있다는 이유로 포기하지 않기 때문입니다. 여러분도 이 원칙을 꼭 실천하셨으면 좋겠습니다. 이건 제자리를 지키고 포기하지 않는 방법입니다. 굽은 강과 잘못된 길로 빠진 사람들처럼 장애물이 가장 적은 길을 따르지 않는 방법이기도 합니다.

부정적인 마음가짐은 믿음의 힘을 파괴하고 부정적인 결말을 불러옵니다. 모든 것은 마음가짐이 결정합니다. 열망을 불태우세요.

불타는 열망. 그건 무슨 뜻일까요? 불타는 열망이란 밤에 잠들 때나 아침에 일어날 때도 확실히 마음에 붙잡고 있는 목표를 의미합니다. 밤에 자다가도 그 생각을 하며 잠에서 깹니다. 대화할 때, 고민할 때, 밥 먹을 때, 잠잘 때도 그 생각으로 불태우면 나중에는 불꽃이 여러분을 감쌀 거예요. 그 안에 들어가야 진정으로 불타는 열망을 가졌다고 할 수 있습니다. 불타는 열망이 있는 사람은 아무리 실패하고 좌절해도 목표를 버리지 않고 단호히 노력합니다. 그게 불타는 열망이에요. 우리가 말하는 실행하는 믿음도 불타는 열망과 아주 비슷해요.

불타는 열망을 품고 행동할 때 피해야 할 한 가지가 있습니다. 자연은 타인을 괴롭히거나 부당하게 대하는 행위를 좋아하지 않습니다. 목표를 믿으며 노력하는 과정에서 다른 사람에게 피해를 입히거나 상처를 준다면 노력은 이내 수포로 돌아가요.

아실지 모르겠지만 제 성공 철학을 배운 학생 중 가장 악명 높은 사람, 아니 이 세상에서 가장 악명 높은 사람이 아돌프 히틀러입니다. 히틀러가 제 철학의 추종자가 되었을 때도 저는 그가 누구인지 몰랐습니다. 1930년에 사인본 한 세트를 보내주기는 했습니다. 히틀러의 야욕이 세상에 알려지기 한참 전의 일이죠.

훗날 히틀러는 제 철학 가운데 권력을 부르는 열다섯 가지 원칙을 이용해 권력을 잡았습니다. 하지만 권력을 사용할 때 도덕적인 지침으로 삼아야 할 두 가지 원칙은 무시했어요.

히틀러는 이후 어떻게 되었죠? 거기까지 자세히 얘기할 필요는 없을 겁니다. 하마터면 그는 이 문명사회를 파괴할 뻔했습니다. 특별히 더 노력해야 한다는 원칙과 황금률. 히틀러가 외면한 이 두 가지 원칙을 여러분은 절대 무시하지 마십시오. 두 가지 원칙은 나머지 열다섯 개 원칙으로 권력을 잡았을 때 도덕적인 지침으로 사용하라고 특별히 넣은 것입니다.

이제 실행하는 믿음에 대해 더 자세히 알아보도록 합시다.

성공 사례로 보는 실행하는 믿음

실행하는 믿음을 실생활에 적용하는 방법을 여러분께 실제 사례를 들어 설명할까 합니다. 저는 1908년부터 앤드루 카네기 선생의 의뢰로 연구를 하며 장거리 전화를 발명한 고故 알렉산더 그레이엄 벨 박사와 만날 수 있었습니다. 또 토머스 A. 에디슨 선생, 당시 메릴랜드주 체비체이스에 살던 이름난 과학자 엘머 R. 게이츠Elmer R. Gates 박사와도 인연을 맺었고요.

제가 감히 얼굴을 맞대고 함께 일하는 영광을 누리기 수년 전부터, 이 세 사람은 잠재의식이라는 독특한 현상을 다각도로 탐구해왔습니다. 그러면서 굉장한 사실을 발견했는데, 그중에서도 엘머 R. 게이츠 박사의 연구 결과에 주목해주세요.

특허왕, 엘머 게이츠

처음 게이츠 박사를 만난 날, 제가 찾아가니 비서가 이렇게 말했습니다. "죄송하지만 지금 게이츠 박사님께서는 앉아서 아이디어를 구상 중이시라 들어갈 수 없습니다." 제가 "뭐라고 하셨죠?"라고 물으니 비서가 다시 말하기를, "앉아서 아이디어 구상 중이시라고요" 하더군요. 제가 또 물었죠. "그게 무슨 뜻입니까?" 비서의 대답은 이랬습니다. "저, 게이츠 박사님께서 나오시면 직접 말씀을 드릴 거예요. 저는 설명하기 어렵네요." 두 시간쯤 지나 게이츠 박사가 방에서 나왔을 때 저는 비서와 나눈 대화를 반복했습니다. "내가 어떤 식으로 앉아서 아이디어 구상을 하는지 보겠나?"라는 게이츠 박사의 말에 제가 대답했습니다. "물론이죠, 박사님."

게이츠 박사를 따라 들어간 곳은 특수하게 제작한 방이었습니다. 방음 장치까지 해놓고 모든 빛과 소리가 차단되도록 만든 공간이었죠. 면적은 10제곱미터도 안 됐을 겁니다. 작은 나무 테이블이 놓여 있고 그 위에는 손으로 누르는 스위치 버튼과 전등이 있었습니다. 책상 앞에 작은 의자를 뒀고, 종이와 연필도 많이 가져다놓았더군요. 게이츠 박사는 어떤 기계의 설계를 완성하고 싶을 때나 특허품을 개발하고 싶을 때, 이해가 안 되는 문제를 풀 때 이 방에 들어온다고 했습니다. 문제의 아는 요소에 정신을 집중하고 자신이 알지 못하는 해답을 내놓으라고 잠재의식에 요구한다고요. 그런 다음 전등을 끄고 결과가 나오기를 기다립니다.

때로는 2~3분만 기다리면 아이디어가 술술 나와서 전등을 켜고 떠오른 아이디어를 글로 적습니다. 한두 시간을 기다려도 소득이 없는 때도 있지만 성공 확률이 대충 85퍼센트는 된다고 해요. 한번은 세 시간 동안 글을 쓰고 노트를 보니 근 10년을 연구했어도 해결하지 못한 실험 문제의 답이 적혀 있던 적도 있었답니다.

게이츠 박사가 가진 특허권은 에디슨보다 훨씬 많습니다. 토머스 A. 에디슨 선생만큼 대중에 유명하지 않다 뿐이죠. 게이트 박사는 종종 워싱턴 특허국에 들러 특허품들을 정리한 문서를 살펴봤다고 합니다. 그중에는 이론상으로만 그럴싸하고 실험하면 같은 결과가 나오지 않을 것도 있었습니다. 그런 특허품이 보이면 조용한 방으로 들어가 아직 모르는 요소들에 정신을 집중합니다. 방에서 나왔을 때는 문제의 해답을 찾아서 특허품을 개선한 뒤였지요. 그런 식으로 개발한 특허품이 250개가 넘어요.

게이츠 박사는 제가 아는 그 누구보다 대단한 사람이

었습니다. 자신이 원하는 것에 정신을 집중하고 무한한 지성이 해답을 줄 때까지 정신을 흐트러뜨리지 않는 행위. 그는 그게 가능하고 실제로 효과적이라는 사실을 알았던 겁니다.

몇 년 전, 하버드 경영대학원에서 강의를 하던 중에 제가 학생들에게 이런 말을 했습니다. 에테르(과거 빛을 전달한다고 믿었던 가상 물질—옮긴이)는 아주 민감해서 파장을 맞춰 목소리를 들을 수만 있다면 제가 말하고 있는 이 강의실에 다른 인물이 존재한다는 걸 알 수 있을지도 모른다고요. 거기까지 얘기했더니 학생들이 웃음을 터뜨렸습니다. 저를 비웃듯 깔깔댔어요. 당시는 라디오 방송이 그리 발달하지 않았을 때였거든요. 물론 저나 여러분이나 잘 알다시피 라디오 강연을 하는 동안에도 저는 다른 밴드, 가수, 댄서와 경쟁하고 있습니다. 에드거 버겐Edgar Bergen과 그의 복화술 인형 찰리 매카시charlie mccarthy일 수도 있겠네요. 이 공간에 존재한다는 걸 다들 아는 그 밖의 많은 지성도 제 경쟁 상대입니다.

두뇌는 생각의 진동을 수신하는 기지국 역할을 합니다. 그 사실은 확실하게 자리를 잡았죠. 아무도 믿어 의심치 않습니다. 우리의 신경을 건드리고 날마다 머릿속을 복잡하게 덮치는 부정적인 생각은 대부분 정신 내부가 아니라 외부에서 발생해요. 여러분은 그런 생각에 면역력을 키워 퇴치하는 수단과 방법을 아직 배우지 못했을 겁니다.

지금 우리는 실행하는 믿음을 이용해 성공하는 법에 관해 이야기하고 있죠. 같은 맥락에서 여러분은 백해무익한 부정적인 생각이 머리에 하나라도 들어오지 못하게 차단할 줄 알아야 합니다. 그렇게 하는 방법을 배워야 해요. 내게 도움이 안 되는 모든 생각에 맞서 면역력을 키워야 합니다. 신이 스스로 정신을 통제할 수 있는 능력을 우리에게 내려주었을 때는 분명 그 정신을 좋은 쪽으로 사용하기를 원했을 겁니다. 해로운 쪽이 아니라요.

포기를 모르는 천재, 에디슨

에디슨 선생은 백열전구를 발명하는 내내 실행하는 믿음을 활용했습니다. 그 원칙을 이해하지 않았더라면 문제의 해답을 찾기도 전에 진작 포기했을 겁니다. 아닌 게 아니라, 전에도 말했지만 에디슨 선생은 백열전구의 비밀을 발견하기까지 만 번은 넘게 실패를 경험했거든요.

사람이 어떤 일에 도전하면서 몇 년 사이 만 번이나 실패를 하고도 포기하지 않는다니, 상상이 되십니까? 여러분은 그렇게 할 수 있을까요? 여러분, 평범한 사람이 애초에 이 일이 아니라 다른 일을 하고 싶었던 것 같다는 결정을 내리기 전까지 몇 번의 실패를 경험하는지 혹시 아시는지요? 한번 추측해봅시다. 아무나 맞혀보세요. 몇 번일까요? 한 번? 사실 평균 한 번도 안 됩니다. 왜냐하면 50퍼센트 이상이 시작도 전에 포기하기 때문이에요. 실패할 게 뻔하다고 예상해 아예 시작을 안 하는 겁니다.

대다수 사람이 가진 실행하는 믿음은 그 정도 수준입니다. 시작이 힘들다고 느끼기도 전에 미리 포기하죠. 에디슨 선생은 전 세계에서 천재라고 인정을 받고 있습니다. 그를 천재로 만든 가장 큰 요인은 자신이 무엇을 원하는지 파악한 후 원하는 바를 이룰 때까지 거기에 정신을 집중하는 능력이었습니다. 그것만 있으면 돼요, 여러분. 에디슨 선생이 왜 만 번의 실패를 거듭해야만 했는지는 저도 모릅니다. 하지만 한 가지는 알겠어요. 밑바탕에 그런 실패가 있었기에 위대해질 수 있었다는 것 말입니다. 그것이 에디슨 선생의 첫 번째 위대한 발명이었어요. 만약 자연이 내려준 만 번의 시험을 묵묵히 견디지 않았더라면 에디슨 선생은 결코 역사에 남을 위대한 발명가가 되지 못했을 겁니다.

여러분도 알다시피 모든 것에는 대가가 따릅니다. 어떤 분야에서든 성공하고 싶다면 거기에 대가를 치르자는 결심을 해야 해요. 대가가 얼마인지 알아내고 흔쾌히 그 값을 지불해야 합니다. 에디슨 선생은 실행하는 믿음이 결국에는 해답을 내주리라는 사실을 알았습니다. 그렇게 찾아낸 답이 뭐였냐면 자, 잘 들어보세요. 답은 원래부터 알던 원칙 두 가지로 이루어져 있었습니다. 두 가지 모두 에디슨 선생이 발명을 시작하기 전부터 알던 거였어요. 두 가지 원칙을 새로운 방식으로 결합만 하면 됐던 겁니다. 둘을 한 쌍으로 맺어준 결과! 최초의 백열전구가 태어났습니다. 그 두 가지 원칙이란 대체 무엇이었을까요?

처음에는 에디슨 선생도 다른 실험자들과 똑같은 사실을 배웠습니다. 철사나 금속 조각에 전기 에너지를 가해 마찰이 일어나면 열이 발생하고 백열과 빛을 만들 수 있다. 여기까지는 잘 알려진 얘기죠. 에디슨 선생도, 다른 실험자들도 알았습니다. 하지만 문제는 빛이 나는 동시에 금속 조각이 타버린다는 거였어요. 어떻게 손을 쓸 수가 없었습니다. 에디슨 선생은 그 문제를 해결해야 했죠. 만 번째 실패를 한 후 연구실 소파에 털썩 앉아 잠재의식에 말을 걸었습니다. "백열광을 만들 때 전기로 인해 발생한 열을 통제하는 방법이 뭔지 답을 찾을 때까지 소파에서 잠이나 자고 싶다."

전에도 잠재의식에 비슷한 요구를 한 적이 있지만 그때는 아무 일도 일어나지 않았다고 해요. 아직 시험 기간이었던 거죠. 위대한 발명가가 되기 위해 치러야 할 대가였던 겁니다. 낮잠을 자고 일어나자 머리에 답이 떠올랐습니다. 답은 숯의 원리에 있었어요. 장작더미에 불을 붙이고 흙으로 덮으면 장작이 거의 다 탈 때까지 연기가 나오죠. 나중에는 우리가 숯이라 부르는 새까맣게 그을린 막대기만 남습니다. 막대기가 완전히 타버리지 않는 이유는 거기까지 닿는 산소의 양이 아주 적기 때문입니다. 산소가 없으면 연소 작용이 일어나지 않죠. 산소가 조금밖에 없을 때는 약간의 연소만 일어납니다. 흙에 스며드는 산소의 양이 장작을 검게 그을리기에는 충분하지만 완전히 다 태우기에는 부족했던 거예요.

에디슨 선생은 말했습니다. "그래, 그거야. 그게 내가 찾던 답이었어." 선생은 실험실로 가서 그동안 실험을 했던 철사를 병 안에 넣었습니다. 병의 목 부분을 막고 자전거펌프를 이용해 산소를 다 제거했어요. 철사가 든 병을 진공상태로 만든 거죠. 그런 다음 전기 에너지를 켰더니 짠! 세계 최초의 백열전구는 그렇게 탄생했습니다. 여덟 시간하고도 30분 동안 빛을 뿜으며 눈부시게 찬란한 전기 시대를 열었지요. 이 빛이 없었더라면 현재 우리에게 즐거움을 주는 라디오, 텔레비전, 레이더, 자동차는 존재하지 않았을 거예요. 모든 것은 정규교육을 거의 받지 못한 한 남자가 품은 실행하는 믿음의 결과였습니다. 에디슨 선생은 비록 많이 배우지는 못했지만 신이 내려준 선물의 힘을 제대로 이해하고 있었던 거예요. 자신이 원하는 대로 생각할 수 있는 권리 말입니다.

에디슨 선생은 힘들다는 이유로 포기하지 않았기에 위인이 될 수 있었습니다. 언젠가 에디슨 선생에게 이런 질문을 한 적이 있어요. "선생님, 만 번째 실험에서 답을 찾지 못했다면 어떻게 하셨을까요?" 에디슨 선생은 말했습니다. "지금쯤 뭘 하고 있었겠느냐고? 자네와 대화하며 시간을 낭비하지 않고, 실험실에서 답을 찾고 있었겠지." 정말 그랬을 것 같아요. 에디슨 선생은 답을 찾겠다는 결심에 전부를 바쳤고 그 덕분에 이 세상에 백열전구를 선물할 수 있었습니다.

여러분, 자연이 일하는 방식을 다른 사례로 알아봅시다. 에디슨 선생은 만 번의 실패를 거쳐 백열전구를 발명한 후 축음기를 만들기 시작했습니다. 그 전까지 사람 목소리를 녹음했다가 재생하는 기계를 만들겠다는 사람은 없었어요. 아예 존재하지 않던 개념입니다. 에디슨 선생은 축음기를 완성하며 세계에 또 새로운 아이디어를 제시한 셈이지요. 에디슨 선생은 아이디어가 떠오르자 주머니에서 연필을 꺼내고 낡은 봉투 뒷면에 스케치를 시작했습니다. 세계 최초의 축음기는 그 스케치에서 태어났지요. 에디슨 선생은 스케치를 목형공에게 전달해 기계를 만들어보라 했습니다. 기계는 작은 원통 끝에 빙글빙글 돌리는 L자형 손잡이가 달린 형태였어요. 원통은 어떤 물질로 덮여 있었고요. 아마 밀랍같이 부드러운 물질이었을 겁니다. 에디슨 선생은 거기에 소리를 증폭하는 구형 확성기를 달고 그 끝에 바늘을 붙여 밀랍에 댔습니다. 그런 다음 손잡이를 돌리기 시작했어요. 실험은 첫 번째 시도 만에 성공을 거두었습니다.

즉, 자연은 고유한 방식으로 실패와 좌절에 보답합니다. 설령 오늘은 실패하더라도 내일은 실패하지 않을 도구를 얻게 된다는 말이에요. 사람에게서 무언가를 빼앗아갈 때에는 가치가 동등하거나 더 큰 보상을 내려주는 게 자연의 방식입니다.

내리막길에서 회생한 라살대학교

예전에 라살대학교 사회교육원 홍보부장으로 일했을 때의 이야기입니다. 저는 아주 현실적이고 커다란 문제에 부딪혔어요. 일을 시작한 후에야 안 사실이지만 학교를 운영할 돈이 없었던 겁니다. 사업을 하는데 돈이 없어서 되나요. 이 학교 학생만 전국에 1만8000명 정도였는데 하나같이 학교에 불만을 품고 있었습니다. 기부금 담당자가 보낸 협박 편지 때문이었어요. 저는 학생 1만 8000명을 진정시키고 학교 운영자금을 구해야 했습니다. 최소한 학교 빚을 갚고 제게 월급을 줄 수 있을 만큼의 돈이 필요했어요.

학교에 돈이 얼마나 없었냐면 말이죠, 저는 월급일에 수표를 받으면 다른 직원보다도 먼저 은행으로 달려가 수표 지급 보증을 받아야 했습니다. 안 그랬다가는 수표를 사용하지 못할 게 뻔했거든요. 제가 도착했을 때 학교는 그런 상황이었습니다.

저는 옳고 정당한 목표라면 언제든 성취할 방법이 있다는 사실을 기억했습니다. 라살대학교의 학생과 교직원을 대상으로 설문조사를 한 저는 문제의 원인을 찾아냈어요. 대학 본부에 있는 직원 서른다섯 명 중 스무 명이 학생들에게 기부금을 내놓으라는 협박 편지를 쓰고 있었던 겁니다. 학생들 사이에서 얼마나 악명이 높았을지 상상이 가시죠?

저는 책상에 앉아 학생들에게 보낼 광고 편지를 쓰기 시작했습니다. 다정다감한 말로 편지를 쓰자 학생들과 친해질 수 있었어요. 그리고 1만8000명 중 다수가 100만 달러 상당의 우선주를 구입하기로 했습니다. 60일도 되지 않아 계좌에 100만 달러가 들어왔어요. 수표 지급 보증을 받기 위해 은행으로 달려갈 필요가 없어졌지요. 학교를 운영할 자본도 생겼어요. 명문 라살대학교 사회교육원의 신화는 그렇게 시작되었습니다. 전 세계에서 가장 성공한 통신학교로 거듭났고 그 명성은 지금까지도 이어지고 있지요.

당시 학교를 이끌던 두 사람은 아주 유능했습니다. 한 명은 졸업생 출신이었고요. 능력은 출중했지만 눈앞에 닥친 문제는 하나같이 해결이 불가능한 지경이었습니다. 절망의 수렁에서 빠져나오는 방법은 실행하는 믿음뿐이었어요. 두 사람은 학생 1만8000명의 신뢰를 잃었습니다. 본인들의 자신감도 바닥을 치고 있었죠. 잘못된 마음가짐은 구미가 당기는 광고가 아니라 거부감만 일으키는 광고를 만들어냈고 학교는 파산을 향해 내리막길을 굴러

가고 있었습니다.

정말 이런 회사는 왜 이렇게 많은 걸까요? 불에 타 허물어지기 직전인 회사에서 도움을 청해서 가보면 정작 불을 낸 범인이 회사를 구해야 할 당사자인 거예요. 회사를 구하지 못한 이유는 실행하는 믿음을 이해하지 못했기 때문입니다. 자신을 믿지 않고, 남도 믿지 못하기 때문이었어요.

불굴의 의지, 에드윈 반스

에드윈 반스는 토머스 A. 에디슨의 동업자가 되겠다는 일념으로 에디슨 선생을 찾아갔다고 합니다. 생각해보세요, 그 대단한 토머스 A. 에디슨의 동업자라니요. 돈이 없어 화물열차를 몰래 타고 온 반스는 도착하자마자 에디슨 선생과 동업하기 위해 여기 왔다고 알렸습니다. 도저히 믿기 힘든 일이죠. 하지만 반스는 바닥을 쓰는 등 허드렛일을 하며 5년을 버틴 끝에 엄청난 기회를 얻었습니다. 그리고 합격점을 받아 토머스 A. 에디슨의 유일무이한 동업자가 되었어요.

저는 에드윈 반스와 막역한 사이입니다. 35년 넘게 친구로 가깝게 지냈기 때문에 사정을 다 알죠. 무슨 수로 억만장자가 되었는지, 어째서 전 세계를 여행하고 다니는지, 왜 이제는 쉬운 길만 가려고 하는지 다 압니다. 모든 질문에 대한 답을 알려면 에디슨 선생을 처음 만나러 간 날로 거슬러 올라가야 합니다. 그때 반스는 5년이 걸리든, 10년이 걸리든 목표를 이룰 때까지 그곳에서 버티겠다고 결심했습니다. 처음에는 직원들이 다 비웃었다고 해요. 곁을 지날 때마다 에디슨 주니어라 부르며 놀렸습니다.

동업자가 되겠다고 처음 선언했을 때 에디슨 선생의 비서인 메도크로포트Meadowcroft 씨는 시니어파트너가 되고 싶은지, 주니어파트너가 되고 싶은지 비꼬듯 물었다고 합니다. 반스는 말했어요. "글쎄요, 어디서 시작하든 상관없습니다. 어차피 마지막에는 가장 높은 자리에 올라가 있을 테니까요."

그게 반스의 태도였습니다. 반스를 아는 분이나 운 좋게 직접 만나본 분이라면 평범한 사람과는 차원이 다른 자질을 알아보실 겁니다. 반스는 일단 하겠다고 마음먹으면 뭐가 됐든 해낼 수 있다는 믿음이 아주 강했습니다.

저라면 어땠을 것 같냐고요? 만약 제가 가진 모든 자산을 목록으로 정리한 후 가장 가치 있는 자산을 택하라

고 한다면 저는 시작한 일을 끝낼 수 있다는 믿음이라고
대답하겠습니다. 여러분, 모든 성공 원칙 중에서 가장 중
요한 것은 자신에 대한 믿음입니다.

원하는 것에 집중하고 원치 않는 것에는 신경 끄기

저는 연구를 하는 동안 자기암시 방법을 찾았습니다.
여러분도 한번 해보세요. 우선 스스로에게 말을 겁니다.
길거리에서는 하지 말고 욕실로 가세요. 가족이 미쳤다
고 생각하지 않게 너무 큰 소리는 내지 않습니다. 내 안
에 다른 사람이 있다고 가정하고 그 사람에게 말을 걸
어요.

사실 사람의 내면에는 다른 사람이 존재합니다. '또 다
른 나'라는 자아가 있어요. 머리카락이나 얼굴을 예쁘게
단장할 때 거울로 보는 '나'도 있지만, 눈에 보이지 않아
도 친해지면 느낄 수 있는 '나'도 있습니다. 지금 그 '나'
와 친해지라는 이야기예요. 어떤 일을 하든 실행하는 믿
음으로 논리적인 결론에 이르도록 그 자아가 도와주기
때문입니다.

문맹과 가난으로 얼룩진 버지니아 산기슭에서 초라하

게 태어난 제가 지난 40여 년간 노력으로 일군 성과를 되돌아보면 한 가지 사실이 확실히 보입니다. 자신에 대한 믿음을 기르지 않았더라면, 원하는 목표에 정신을 집중하지 않았더라면 저는 절대 오늘날과 같은 업적을 내지 못했을 겁니다. 어린 시절의 저는 많이 배우지 못했고 기회도 별로 없었습니다. 신이 부여한 정신이 전부였죠. 원하는 대로 마음을 먹을 수 있는 인간의 특권뿐이었습니다. 그러다 우연인지 필연인지 새어머니 덕분에 좋은 기회를 잡을 수 있었습니다.

새어머니는 마음의 본질이 무엇이고 마음을 어떻게 사용해야 하는지 한 단계씩 차근차근 가르쳐줬어요. 훗날 인생에서 성공한 사람들과 함께 일하며 또 한 가지를 깨달았습니다. 그들도 신이 부여한 위대한 능력만으로 성공했다는 거였어요. 그 능력을 이용해 자신의 마음을 통제하고 원하는 목표에 전념할 수 있었던 겁니다.

제가 천재에 대해 이야기하자 에디슨 선생은 이렇게 말했습니다. "그 생각은 버리게. 천재는 10분의 1의 영감과 10분의 9의 노력이 만드는 거라네." 정말로 맞는 말이라고 생각해요.

실행하는 믿음은 신의 의도대로 마음을 활용하는 능력을 말합니다. 인생에서 이루고 싶은 목표에만 마음을 고정하고 원하지 않는 문제는 무시하는 능력입니다. 이렇게 대단한 힘이지만 의외로 많은 사람이 원하지 않는 문제에 마음을 집중하며 인생을 낭비하고 있어요. 가난, 질병, 실연, 절교, 비판을 두려워하며 삽니다. 그중에서도 제일 놀라운 건 비판에 대한 두려움이에요. '그들'이 뭐라고 할지 두려워하는 거죠. '그들'이 누구인지 알아내야 할까요? 아니요. '그들'은 제게 아무 영향도 주지 못해요. 장담할 수 있습니다.

원하지 않는 것을 마음에 계속 담아두면 결국 그걸 얻게 됩니다. 대부분 그런 까닭에 원하지 않는 삶을 살고 있어요. 실행하는 믿음을 제대로 이해한다면 원하지 않는 것이 아니라 원하는 것에 마음을 집중하는 법을 터득할 수 있습니다.

한번은 헨리 포드 회장에게 이런 질문을 했습니다. 살면서 간절히 원했지만 얻지 못한 것이 있냐고 물었죠. 포드 회장은 무심하게 씩 웃으며 "딱 한 번"이라고 대답했습니다. "같은 고등학교에 다녔던 빨간 머리 소녀와 결혼을 하고 싶었지만 다른 남자에게 빼앗겼지. 하지만 지나고 보니 차라리 잘된 일이었어." "그게 끝인가요?"라는 제 질문에 포드 회장은 "그래, 그것뿐이네"라고 했습니다.

저는 또 물었죠. "그럼 현재는 원하면 전부 가질 수 있는 위치에 계신 건가요?" 포드 회장은 말했습니다. "원하는 걸 다 가질 수 있지. 아니면 비슷하게라도 가능하네. 뉴욕 브로드웨이 42번가에 있는 빌딩을 가질 수는 없겠지만 바로 길 건너편에 있는 빌딩이나 다른 모퉁이에 있는 빌딩, 다음 거리에 있는 빌딩은 가질 수 있다네. 그거면 매한가지지."

저는 운 좋게도 포드 회장과 오랫동안 함께 일할 수 있었습니다. 솔직히 말하자면 인간으로서의 매력은 평균 이하였고 가끔은 얼토당토않은 것도 믿었어요. 교육도 많지 받지 못했습니다. 고등학교도 졸업하지 못한 것 같아요. 포드 회장이 위대한 사업가가 될 수 있었던 건 교육 덕분도, 신념 덕분도 아니었습니다. 자신이 무엇을 원하는지 아는 능력과 원하는 목표를 이룰 때까지 버텨내는 '고집' 덕분이었죠. '고집'에 따옴표를 붙인 건 포드 회장을 두고 주변에서 똥고집이 세다는 말을 하도 많이 했기 때문입니다. 어쨌든 포드 회장은 극복해야 할 장애물이 많았음에도 자신의 마음을 지배하고 원하는 목표에 전념할 수 있었습니다. 계속 믿음의 채찍질을 받았던 거예요.

이 책을 읽고 계신 여러분도 수많은 문제로 고민하고

계실 겁니다. 지금은 그 어느 때보다도 문제가 많은 시대입니다. 삶의 철학이 없는 사람은 앞으로 10년이나 20년이 지나도 이 상태로 답보하고 말아요. 이 철학을 배울 때 가장 중요한 과제는 자신의 힘을 인식하는 것입니다. 인간은 원하는 일과 상황에 마음을 집중하고 목표를 이룰 때까지 전념할 수 있어요. 그 능력을 깨달아야 합니다. 상황에 이리저리 끌려다니지 마십시오. 힘들다고 포기하지도 마세요. 힘들지 않다고 마음을 먹으면 더 이상 힘들지 않습니다. 마음가짐을 바르게 하면 뭐든지 쉬워져요.

기회나 자본금이 없는 것처럼 큰 문제에 시달리는 사람에게는 원하면 뭐든 할 수 있다는 말이 와 닿지 않을 겁니다. 하지만 지금은 앞서 말한 시험 기간이에요. 그럴 때는 상상력을 최대한 발휘해 이미 목표를 이룬 자신의 모습을 그려보세요. 장애물을 전부 뚫고 나아가야 합니다. 운전대를 놓고 목적 없이 헤매지 말고요.

우리는 자신이 무엇을 원하는지 알고, 그 목표를 이룬다고 확신할 수 있습니다. 목표를 이룬 모습을 상상할 수도 있어요. 대단하지 않습니까? 물론 100만 달러를 원한다면 실제로 통장에 100만 달러가 찍히기 전까지는 돈을 쓰지 말아야 합니다. 너무나 당연한 얘기예요. 어렵겠지만 원하는 목표를 성취한 자신의 모습을 상상해보세요.

목표를 이루기 위해 치러야 할 대가가 무엇인지 보입니다. 여러분은 그 목표를 이룰 자격이 있어요. 소유해야 마땅한 여러분의 몫을 차지할 때까지 포기하지 않고 버텨야 합니다.

『골든룰매거진』을 내고 싶었을 때, 제게는 창간 자금 10만 달러가 없었습니다. 하지만 저는 『골든룰매거진』을 출간할 수단과 방법을 찾고, 실행하는 믿음으로 그 아이디어를 실현했습니다. 잡지를 찍어줄 인쇄업자를 구하고 신문 가판대에서 잡지를 팔았습니다. 판매 수익금이 나면 인쇄비를 치르고 남은 돈을 가졌어요. 여러분도 이런 사례를 보며 생각해보시기 바랍니다. 명확한 핵심 목표를 찾으세요. 믿음의 힘으로 목표를 고수하면 절대 실패할 일 없습니다.

실행하는 믿음에 대한 이야기는 여기까지입니다. 다음 장에서는 주제를 180도 바꿔서 실패를 부르는 주요 요인에 관해 알아보겠습니다.

제4장

실패하는 이유
열다섯 가지

안녕하세요, 여러분. 이번 장에서는 실패의 원인에 대한 이야기를 해보겠습니다. 많은 분이 알다시피 저는 누구나 실천할 수 있는 성공 철학을 이 세상에 최초로 소개한 행운아입니다. 개개인의 성공을 도와줄 철학을 전파하기 위해서는 '무엇을 해야 하느냐'뿐만 아니라 '무엇을 하지 말아야 하느냐'도 설명해야 하죠. 긍정적인 면만큼이나 부정적인 면도 중요하기 때문입니다. 이번 장에서는 성공하기 위해 하지 말아야 할 것들에 집중할까 합니다.

여러분이 경험하는 모든 시련, 패배, 좌절, 실패, 고통 등 유쾌하지 못한 상황에는 자연법칙에 따라 그에 상응하는 보상의 씨앗이 들어 있습니다. 보상이 꽃으로 활짝 핀다고 하지는 않았죠. 열매가 익는다는 보장도 없습니다. 저는 씨앗만 이야기했을 뿐입니다. 그 씨앗으로 이익을 얻으려면 우선 씨앗의 존재를 인식해야 합니다. 씨앗이 그 안에 있다는 걸 알아야 해요. 예상을 하고 찾아내야 합니다. 해당 경험의 부정적인 면이나 비관적인 면만 찾지 말고요.

그다음에는 행동으로 씨앗을 싹트게 해야 합니다. 발견했으면 기르고 활용해야죠. 이 과정을 절대 빠뜨려서는 안 됩니다. 40여 년간 성공 철학을 연구하면서 많은 사실을 발견했지만 이것만큼 놀랍고 충격적인 사실은 없었던 것 같아요. 자연이 인간에게서 무언가를 빼앗아간다면 반드시 대가를 지불한다는 계획을 영리하게 세워놓았다는 사실 말이에요. 자연은 동등한 가치의 보상을 돌려주지 않고서는 절대 개인에게 내려준 재산을 함부로 빼앗지 못합니다. 이렇게 대단한 보상의 법칙은 랠프 월도 에머슨의 에세이집에 아주 잘 나와 있어요.

목표도 계획도 없이 사는 습관

저는 실패의 주요 원인 열다섯 가지를 발견했습니다. 지금부터 하나씩 간략하게 설명해드릴게요. 첫 번째 원인은 명확한 목표를 세우지 않고 목표를 달성할 계획도 없이 흘러가는 대로 인생을 사는 습관입니다. 조사를 하면 100명 중 98명이 인생을 흘려보내고 있다는 놀라운 결과가 나와요. 어항 속의 금붕어와 같은 인생이죠. 아무리 빙글빙글 돌아봤자 다시 원점으로 돌아오기 때문에 늘 제자리걸음입니다.

이렇게 사는 가장 큰 이유는 경이로운 마음의 선물을 발견하지 못했기 때문입니다. 내 운명은 내가 결정할 수 있다는 능력을 아직 못 깨달은 거예요. 설령 능력을 발견해도 제대로 활용하지 못하면 소용이 없죠. 한 가지 목표에 전념하지 않기 때문입니다. 목표를 이룰 계획도 없고요. 이 세상 모든 실패는 그렇게 탄생합니다.

선천적 신체장애에 굴복하기

두 번째 원인은 선천적인 신체장애입니다. 이건 개인이 통제할 수 없는 문제죠. 하지만 불리한 신체조건을 갖고 태어났다 해서 평생 좌절하고 실패할 이유는 없다는 걸 증명하는 사례는 아주 많습니다. 저도 아들 블레어의 사연으로 그 말을 증명했다고 생각합니다. 블레어는 소리를 듣지 못하는 상태로 태어났지만 이제는 어엿한 청년으로 성장했습니다. 정상 수준의 65퍼센트까지 청력을 키워냈어요. 저는 고통에 상응하는 보상의 씨앗이 들어 있다는 사실을 수도 없이 지켜봤어요. 블레어의 경우, 사람들이 그를 매우 동정한다는 사실이 그 씨앗을 이룹니다. 또한 장애로 인해 다른 아이들만큼 신체능력이 뛰어나지 않았던 블레어는 남들보다 앞서 나가기 위해 더 열심히 노력해야 했어요.

고故 찰스 P. 스타인메츠 같은 사람도 있습니다. 스타인메츠는 천재라고 인정받지만 태어날 때부터 척추가 굽어 어깨를 펴지 못하는 고통에 시달렸습니다. 인간보다는 유인원에 가까운 모습이었죠. 하지만 두개골 안에는 비상한 두뇌가 있었습니다. 시련도 수학자와 전기공학자로서 성공하는 길을 막지는 못했습니다. 신체적으로 한계가 있었기에 정신을 완전히 발달시킬 수 있었던 거예요. 저는 그런 사람을 볼 때면 새삼 깨닫습니다. 불리한 신체조건을 갖고 태어났어도 얼마든지 그런 고통을 이익으로 활용할 수 있다고요.

쓸데없는 호기심

실패의 원인 세 번째는 남의 일에 참견하기 좋아하는 호기심입니다. 물론 여기 계신 여러분께는 해당하지 않는 이야기죠. 괜한 호기심으로 남 일에 참견하지 않으실 겁니다. 전 세계 수백만 명이 순수한 호기심으로 매일 얼마나 머리를 굴리는지 아십니까? 그러는 데 얼마나 많은 시간을 낭비하는지 아시나요? 아니, 순수하다기보다는 불순하다고 해야겠군요. 호기심으로 남의 일에 참견하는 행위 말입니다. 인생은 아주 복잡해요. 살면서 넘어야 할 장애물이 너무도 많습니다. 성공하고 싶다면, 신이 내려준 마음의 능력을 기르고 싶다면 모든 시간은 내 일에 바쳐야 합니다. 남의 일에 신경 쓰지 마세요. 여러분과 상관없는 사람이라면 더더욱요.

핵심 목표의 부재

실패하는 네 번째 원인은 인생에 명확한 핵심 목표가 없기 때문입니다. 핵심 목표가 포인트예요. 사소한 목표는 누구나 가지고 있지만 대부분 진정한 의미의 목표가 아닙니다. 희망이나 소원이죠. 희망과 소원만으로는 성공하지 못합니다. 우리 모두는 좋은 결혼을 꿈꾸죠. 여성분들은 키가 크고 돈도 많은 미남과 결혼하기를 바라죠. 남성분들은 개성 있고 매력적인 미인과 결혼하기를 바라고요. 하지만 그런 소원을 이뤄도 성공이나 행복까지 찾아오지는 않습니다.

사람은 남녀를 불문하고 자기 일이나 사업에서 성공하기를 바랍니다. 유명해지고 싶고, 돈을 많이 벌고 싶어 하죠. 그런 것들을 희망하고 소원합니다. 하지만 그건 명확한 핵심 목표가 아니에요. 인생에서 성공하고 싶다면 핵심 목표가 있어야 합니다. 모든 것을 아우르는 전체적인 목표와 목적이 있어야 해요. 그 목표를 위해 최선을 다해야 하고요. 하지만 그런 목표가 없는 사람이 대부분입니다. 목표가 있는 사람조차도 명확한 계획 없이 막연히 원하고 바라기만 해요.

부족한 교양

실패하는 원인 다섯 번째는 불충분한 학식입니다. 아니, 그보다는 교양이라고 표현해야 맞겠네요. 학식과 교양은 별개의 용어니까요. 중학교, 고등학교, 대학교를 나와 학위를 땄으니 자신에게 교양이 있다고 생각하는 사람이 많습니다. 그 생각은 버리세요. 교양은 그렇게 쌓는 게 아닙니다. 수년 전에 발견한 사실인데, '교양'의 의미를 착각하는 사람이 많더라고요. 사전에서도 '교양'이라는 단어를 전부 잘못 정의하고 있었습니다. 다들 지식을 의미한다고 생각해요. 전혀 그렇지 않습니다. 제 기억이 정확하다면 '교육하다, 교양을 함양하다educate'라는 단어는 라틴어 '에두코ēdúco'에서 유래했습니다. 그건 내면에 있는 지식을 끌어내 기른다는 의미예요.

무엇을 기른다는 말일까요? 우리가 태어날 때부터 가진 것, 그러니까 마음을 기르는 겁니다. 제가 성공한 사람을 무수히 만나고 함께 일하는 영광을 누렸다고 했죠. 이중에는 정규교육을 제대로 받지 못한 사람도 있었습니다. 하지만 교양은 아주 높았어요. 헨리 포드와 토머스 A. 에디슨도 그런 사람이었습니다. 두 위인은 학교를 거의 다니지 못했지만 내면을 눈부시게 갈고닦았어요. 마음이 가진 힘을 인식하고, 신이 인간에게 단 한 가지의 권한을 내려주었음을 알아차렸습니다. 긍정적이든 부정적이든 내가 원하는 대로 결심할 수 있는 권리 말이에요. 교양을 갖추려면 그게 필요합니다.

교양 있는 사람은 자신이 어떤 사람인지 발견한 사람입니다. 보통 그런 사람은 모든 대학 중에서도 으뜸인 대학을 나왔을 거예요. 제가 석사학위를 딴 고난대학교(University of Hard Knocks, 인생의 부정적인 경험을 통해 지혜를 얻는다는 의미—옮긴이)요. 세상에서 가장 수준이 높은 그 학교에서 살아남을 수 있다면, 시험을 치고 통과할 수 있다면, 단순히 교육을 많이 받은 사람을 넘어 진정 교양 있는 사람이 될 수 있습니다. 교육을 많이 받았다는 것은 기억력이 좋고 시험 시간까지 지식을 오래 암기할 수 있다는 뜻에 불과합니다.

제 말이 교사 여러분의 기분을 상하게 하지 않았으면 좋겠네요. 하지만 그렇더라도 저는 뜻을 굽히지 않을 겁니다. 이 말은 진실이에요. 우리 학교 시스템이 이렇게 된 것은 교사 여러분의 탓이 아닙니다. 시스템 자체의 잘못이죠. 교양의 진정한 의미를 가르쳐주는 곳이 없습니다. 정말로 교양 있는 사람을 길러낼 학교 시스템이 없어요. 사람은 행동하고 지식을 쌓고 스스로 노력하며 배움을 얻습니다. 그렇게 또 다른 자아를 만나면서 배워요. 또 다른 자아는 거울 속의 모습이 아닙니다. 거울에 진정한 자신의 모습이 보인다고 믿는 사람이 많습니다. 전혀요. 진정한 자신이 살고 있는 껍데기가 보일 뿐이죠. 다른 자아를 발견하고 신의 의도대로 활용한다면 교양을 갖추고 그에 따라 성공할 가능성이 높아집니다.

부족한 자기 수양

여섯 번째 실패 원인은 부족한 자기 수양입니다. 그런 사람은 보통 밥, 술, 섹스에 지나치게 빠져요. 자기 수양에는 관심조차 없습니다. 여기서 자기 수양이란 무슨 뜻일까요? 내 마음을 전적으로 통제하고 무엇이든 내가 하고 싶은 일에 마음을 쏟는다는 의미입니다. 주변의 가까운 사람이나 나를 비난하는 사람에 휘둘리지 않고요. 그게 바로 자기 수양입니다. 내 인생의 운전대는 내가 잡는다는 뜻이에요. 하지만 그렇게 하는 사람은 많지 않습니다.

남의 인생을 좌지우지하려는 사람도 있어요. 이런 현상은 주로 가정에서 볼 수 있습니다. 한 사람이 나머지 가족의 인생을 전부 멋대로 조종하기를 원하는 거죠. 저도 그런 가정에서 자랐습니다. 다행히 반항을 했지만요. 감사하게도 저는 못 말리는 악동이었습니다. 얼마나 비뚤어졌던지 아예 말을 듣지 않았어요. 아버지든 누구든 저를 통제하려 하면 거부했습니다. 직접 머리를 굴려 생각했어요. 처음에는 생각하기가 쉽지는 않았죠. 하지만 마침내 길을 찾았고 인생의 성공을 목표로 잡았습니다. 자기 수양을 하지 않았다면 불가능했을 이야기예요. 비난을 받은 적도 있지만 충분한 자기 수양으로 그런 소리에 귀를 기울이지 않았습니다.

부족한 야망

일곱 번째 원인은 야망이 부족해 중간 이상을 목표로 하지 않는 습관입니다. 이것도 실패하는 중요한 이유 중 하나예요. 야망 없이 중간 정도로 만족하는 거요. 사람은 자기 의지와 상관없이 이 세상에 태어납니다. 약간의 시간을 들여 학교를 다니고 직업을 찾아요. 어떤 직업이냐고요? 생계를 꾸릴 수 있으면 뭐든 할 수 있죠. 그렇다고 그게 자신이 원하는 직업일까요? 아니요, 꼭 그렇지는 않습니다. 하지만 밥을 먹고 지붕 밑에서 잠을 자고 옷 몇 벌을 걸쳐야 하잖아요. 거기에 만족하는 사람은 그저 육체와 영혼이 분리되지 않는 정도의 목표 이상은 안중에도 없습니다. 결국 그런 인생을 살게 되고요. 간혹 평범한 무리 밖으로 나온 사람은 이렇게 말합니다. "나는 남들보다 훨씬 높은 목표를 이룰 거야." 그 사람이 계획을 지키고 죽기 전에 목표를 달성한다면 대단한 업적을 남긴 셈이에요. 박수를 받아야 마땅합니다.

좋지 않은 건강

여덟 번째 원인은 양호하지 못한 건강입니다. 대개 잘못된 생각, 부적절한 다이어트, 운동 부족으로 건강을 해치지요. 나쁜 건강은 실패를 부릅니다. 하지만 똑바로 생활하고 건강한 식사와 적절한 운동을 하고 올바른 생각을 하면 건강이 나빠질 일은 없어요.

대부분의 병은 나쁜 생각, 잘못된 식사와 운동 때문에 생깁니다. 특히 나쁜 생각이요. 혹시 아시나요? 병원에 가는 사람들 있잖아요. 정말로 아파서 입원하거나 몸져누운 사람 말고, 두 다리로 서서 병원까지 걸어갈 수 있는 사람들 말이에요. 그런 사람의 병은 전문용어로 건강염려증일 뿐입니다. 병을 상상하는 거예요. 한번 생각해 보세요. 아프다는 데에 마음을 집중하면 큰 병에 걸릴 수 있다니까요. 반대로 병이 낫는 데 마음을 집중하면 건강을 회복할 가능성이 높아집니다.

불우한 환경

실패하는 원인 아홉 번째는 어린 시절의 불우한 환경입니다. 어린 시절의 부정적인 경험 때문에 실패자의 인생을 벗어나지 못하는 사람이 많아요. 저도 극복해야 할 역경이 많았습니다. 부정적인 경험을 하면 사람이 어떻게 되는지 저도 잘 알아요. 하지만 다행히 제게는 새어머니와 앤드루 카네기 선생이 있었습니다. 인생 철학을 정리하면서 더 많은 분의 도움도 받았죠. 저는 운이 좋은 사람입니다. 운이 좋아서 불행한 어린 시절의 손아귀에서 벗어날 수 있었어요. 그때를 극복하지 못했더라면 실패의 구렁텅이로 끌려 들어갔을 테죠.

끈기 부족

실패의 열 번째 원인은 끈기가 부족해 시작한 일을 끝내지 못하는 것입니다. 끈기가 있어야 해요. 다들 시작은 잘합니다. 하지만 결승선을 통과하는 사람은 얼마 없어요. 여러분, 평범한 사람이 포기하기까지 얼마나 많은 실패나 패배를 경험하는지 아십니까? 짐작이 가세요? 정확한 통계수치를 말씀드리고 싶지는 않네요. 의외로 많은 사람이 시작도 하기 전에 패배를 인정하고 포기합니다. 용기가 없어서 일을 시작하지 못하는 거예요. 꾸준히 밀고 나가는 끈기는 더더욱 없고요.

다른 사람을 관찰하며 인생의 패턴을 찾아보세요. 모든 사람이 한 번쯤은 패배를 경험하는 게 보이죠? 성공하는 사람은 실패를 이용합니다. 장애물이 아니라 디딤돌로 삼는 거예요. 욕구, 의지, 결심, 신념을 더 크게 키운 후 그 돌을 밟고 올라갑니다. 불행한 환경에서 자라지 않았다고 해도 포기하는 사람은 무조건 실패합니다.

부정적인 마음가짐

실패의 열한 번째 원인은 부정적인 마음가짐입니다. 아무나 평범한 사람을 붙잡고 제안을 하나 해보세요. 엄청난 이익이 생길 법한 새로운 제안을 말이에요. 어떻게 반응하던가요? 제가 맞혀볼까요? 아마 말을 듣자마자 왜 그 일을 할 수 없는지 온갖 이유를 생각했을 겁니다.

개인의 성공에 대한 세계 최초의 철학서를 써보지 않겠냐는 제안을 했을 때 앤드루 카네기 선생은 미국에서 가장 성공한 사람들이 도와줄 거라고 약속했습니다. 대단한 인물들을 제게 소개해준다고 했어요. 저는 영원과도 같은 시간 동안 적당한 대답을 찾으려 머릿속을 뒤졌습니다. 저는 많이 배우지 못했고 경력도 미천했습니다. 혼자 생계를 꾸릴 돈도 없었죠. 제안을 거절해야 할 이유는 열 가지도 넘었습니다. 무엇보다도 저는 '철학'이라는 말의 정확한 의미를 몰랐어요. 카네기 선생의 서재를 나서자마자 공공도서관으로 가서 사전을 찾아봐야 했습니다. 그 정도로 준비가 안 된 상태였어요.

하지만 내면의 목소리는 이렇게 말했습니다. "만약 카네기 선생님이 너를 사흘 밤낮 동안 집에 두고 인터뷰를 한 다음 이 철학을 책으로 써보라면서 모든 협조를 약속했다면 네게서 너도 모르는 능력을 발견한 게 분명해. 빨리 할 수 있다고 말씀드려." 그래서 저는 불쑥 대답했습니다. "예, 카네기 선생님. 선생님 의뢰를 받아들이겠습니다. 그뿐만 아니라 끝까지 해내겠다는 약속도 드리겠습니다." 카네기 선생이 말했습니다. "그게 내가 원한 대답이야. 그리고 내가 듣고 싶었던 목소리 톤이고."

나중에 알게 된 사실이지만 그때 카네기 선생은 스톱워치를 들고 시간을 재고 있었습니다. 모든 정보를 듣고 제가 '예' 혹은 '아니요'로 대답할 시간은 60초였어요. 저는 정확히 29초를 썼고요. 31초만 늦었다가는 아무도 밟지 않은 길을 걸어볼 운명과 이별했을 겁니다. 겨우 31초예요, 여러분. 저는 그 제안의 긍정적인 면을 생각했습니다. 그 일을 하자고, 할 수 있다고 생각했어요. 31초를 흘려보내고 낙오하는 짓은 하지 않았습니다.

　혹시 아시나요? 인생에는 드넓은 강이 흐르고 있습니다. 아주 이상한 강이에요. 사람들 눈에 보이지는 않지만 인생에 영향을 주죠. 대부분의 사람은 강의 이쪽 방향이나 저쪽 방향으로만 움직입니다. 이 강이 이상한 이유는 가운데를 기준으로 물이 흐르는 방향이 반대이기 때문이에요. 한쪽에 올라탄 사람은 무엇을 하든 필연적으로 성공합니다. 반대쪽에 있는 사람은 전부 실패로 향해요. 많이 배우고 열심히 노력해도 결과는 달라지지 않습니다. 이렇게 말하는 분도 계실 거예요. "환상적이군. 그런 강이 있다는 말을 들어보신 분?" 여러분은 알아차리지 못했겠지만 지금 이 순간에도 누구나 그 강의 한쪽을 타고 있습니다. 부정적인 쪽과 긍정적인 쪽으로 나뉘겠지만 어느 한쪽을 타고 흐르고 있다는 사실은 분명합니다.

이 강은 무엇일까요? 상상의 강이 아니라 현실에 존재하는 강입니다. 바로 인간의 마음이에요. 마음의 힘을 통제해야 합니다. 인간은 이 세상에서 오로지 자신의 마음만을 통제할 수 있어요. 생각, 마음가짐, 태도로 마음을 긍정적으로 바꾸면 실패로 향하던 쪽에서 성공으로 가는 쪽으로 얼른 옮겨 탈 수 있습니다. 시련이요? 시련을 경험하지 않는 사람은 없습니다. 하지만 이 강에 올바른 방법으로 들어와 긍정적인 방향에 머무는 사람, 부정적인 생각이 아니라 긍정적인 생각을 유지하는 사람은 시련을 겪어도 개의치 않습니다. 패배도 대수롭지 않게 여겨요. 실패해도 괜찮습니다.

시카고의 마셜 필드Marshall Field도 강의 긍정적인 방향에 탄 사람입니다. 화재가 일어나 잘나가던 가게가 불타자 필드는 말했습니다. "연기 자욱한 불씨가 있는 바로 이곳에 나는 이 세상에서 가장 멋진 가게를 세울 것이다." 그 가게는 현재 시카고 루프 지역에 우뚝 서 있습니다. 필드의 긍정적인 마음가짐은 시카고 대화재로 가게를 잃은 다른 상인들과 달랐습니다. 그들은 이렇게 말했어요. "나는 떠날래. 우리는 서쪽으로 간다. 시카고는 끝장이야." 한 남자만이 제자리를 고집하고 할 수 있다는 마음을 먹었습니다. 그런 마음가짐으로 불행한 상황에 대처했고 보답을 받아냈어요. 보답은 이 세상에서 가장 커다란 백화점의 형태로 찾아왔습니다.

통제하지 못한 감정

실패하는 원인 열두 번째는 마음과 감정을 통제하지 못하는 것입니다. 사랑은 가장 귀한 감정입니다. 그 사실을 모르는 사람은 없어요. 가장 위대하고, 가장 간절하고, 또 가장 위험한 감정이죠. 가장 위험하다는 말에 밑줄을 치고 느낌표를 한 개, 두 개 더 붙여야 합니다. 감정의 끈을 다 놓아버리면 안 됩니다. 사랑이라는 감정을 꽉 붙들지 않고 놓치면 위험해집니다. 상대가 누구든 상관없습니다. 언제든 감정을 주체하지 못하게 될 위험이 있으니 모두 조심해야 해요.

저는 개인과 기업을 상대로 조언하는 일을 하고 있습니다. 대기업에서도 고문으로 일했습니다. 우드로 윌슨 대통령과 프랭클린 D. 루스벨트 대통령 두 분의 자문 역할을 하는 영광도 누렸어요. 빈털터리가 되어 집과 직장을 구하지 못하는 사람도 저를 찾아옵니다. 온갖 유형의 사람에게 조언을 하며 저는 한 가지 분명한 사실을 깨달았습니다. 자신의 감정을 지배해 최대한 활용하고 통제한다면 누구나 우러러보는 성공을 이룰 수 있습니다. 또 제가 관찰해보니 다른 감정보다도 사랑을 통제하지 못해 실패하고 무너지는 사람이 많았어요.

그러니까 인생에서 가장 간절히 원하는 감정이라도 통제하지 못하면 가장 위험하고 해로운 감정, 인생 최대의 문제가 될 수 있다는 얘기입니다. 저는 살면서 감정을 주체하지 못한 적이 딱 한 번 있었습니다. 지금도 그때 일로 대가를 치르는 중이에요. 첫해에만 100만 달러를 잃어야 했습니다. 이후 치러야 한 비용에 비하면 그마저도 푼돈이고요. 자세히 설명하지는 않겠습니다. 아내가 들을까 겁나네요. 아내도 다 아는 이야기지만 공개적인 자리에서는 언급하지 말라고 했거든요.

공짜 심리

실패의 열세 번째 원인은 공짜로 무언가를 얻으려는 욕구입니다. 보통은 그런 욕구로 도박을 하죠. 사람들은 무언가를 공짜로, 혹은 제값보다 싸게 얻으려고 굉장히 많은 에너지를 소모하고 있습니다. 지금의 정부도 이처럼 강력한 힘으로 사람들의 몰락에 일조합니다. 정부는 일부 사람들이 공짜로 무엇인가 얻기를 원한다는 것을 알고 있어요. 안정을, 경제적인 안정을 원하는 사람은 이제 정부에 그걸 요구합니다. 경제적 안정을 찾고 싶으신가요? 어디로 가야 하는지 알려드리죠. 여기서 나가 은행을 털거나 살인 같은 짓을 해서 종신형을 받으면 그때부터는 걱정할 일이 없습니다. 경제적으로 안정될 테니까요.

저는 오직 제 생각을 이용해 경제적 안정을 찾고 싶습니다. 하지만 기가 막히게도 정부에 경제적 안정을 의존해야 한다고 교육하고 세뇌하는 세력이 있어요. 그건 잘못된 환상입니다. 절대 그렇게 될 수 없어요.

가장 가치 있는 특권은 스스로 결정할 수 있는 권리입니다. 우리가 사는 이 위대한 나라를 건설한 아버지들처럼요. 그들은 타인에게서 경제적 안정을 찾지 않았습니다. 역사상 가장 훌륭한 문서인 독립선언문에 서명한 쉰다섯 명의 용감한 이들은 경제적 안정을 추구하지 않았어요. 신체가 안전하기를 바라지도 않았습니다. 그들은 목숨을 걸었습니다. 자신이 서명한 그 문서가 사형 집행영장일 수도, 자유 허가증일 수도 있음을 알았거든요. 그럼에도 자의로 서명을 했습니다. 보상금을 원하지 않았어요. 공짜로 무언가를 바라지 않고 기꺼이 위험을 무릅 썼습니다.

여러분, 저는 가장 경이로운 시대를 살았습니다. 낡은 시대가 죽고 새로운 시대가 태어나는 모습을 목격했어 요. 그 낡은 시대를 충분히 오래 경험했기 때문에 현재 우리가 사는 놀라운 새 시대의 장점과 단점을 압니다. 이 건 진심으로 말씀드릴 수 있어요. 이 나라에서 우리가 위 대하다고 부르는 모든 것은 결코 공짜로 손에 들어오지 않았습니다. 공짜로 무언가를 얻고자 하는 성향은 개인 이 실패하는 가장 큰 원인이에요.

꾸물대는 습관

열네 번째 원인은 신속하고 확실하게 결정을 내리지 않고 꾸물대는 습관입니다. 모든 사실을 알았는데도 빠 르게 판단을 내리지 못한다면 문제가 더 커집니다. 사람 은 할 일을 내일, 다음 주로 미루는 경향이 있습니다. 그 러다 평생 하지 않죠. 다른 사람이 스스로 결정을 하도 록 설득하는 건 세상에서 가장 어려운 과제예요. 흔히들 "아, 생각해볼게"라거나 "집사람한테 물어볼게"라고 하죠. "아내와 의논해보려고"라고 하는 사람은 아내에게 그에 관해 한마디도 하지 않습니다. 열에 아홉은 그 일을 하지 않으려는 핑계일 뿐이죠.

두려움에 굴복하기

실패하는 원인 열다섯 번째는 일곱 가지 기본적인 두려움 중 하나에 굴복하는 것입니다. 일곱 가지 기본적인 두려움을 아시는지요? 첫 번째는 가난에 대한 두려움입니다. 모두에게 기회가 널린 이 위대한 나라에 왜 가난을 두려워하는 사람이 있는 걸까요? 저도 잘 모르겠습니다. 하지만 대부분 현재 가진 것을 잃을까 두려워합니다. 직장을 잃을까, 집을 잃을까 두려워해요. 이럴까 봐 무섭고, 저럴까 봐 무섭죠. 또 다른 두려움도 불쑥 나타나고요.

일곱 가지 기본적인 두려움 중 두 번째는 비판에 대한 두려움입니다. 비판으로 사람이 약해질 수 있다니 놀랍지 않습니까? '그들'이 뭐라고 할지 두렵다고 합니다. 오랜 세월 '그들'의 이야기를 들었지만 '그들'을 직접 본 적은 한 번도 없습니다. '그들'이 누구인지도 몰라요. 하지만 줄 밖으로 삐져나오거나 늘 다니던 길에서 벗어나 새로운 방식을 선택했을 때 어떤 소리를 들을지 죽을 만큼 두려워하는 사람은 수백만 명에 달합니다. 헨리 포드는 비판을 두려워하지 않았습니다. 자동차를 세상에 내놓았을 때 무수한 비난을 받았죠. 심지어 디트로이트 도로에 몰고 나오면 체포하겠다는 협박도 받았습니다. 포드는 자동차를 운전하기 위해 특별 허가를 받아냈습니다. 고작 사람들의 비난으로는 그를 막을 수 없었던 겁니다.

이 철학을 정리하기 시작했을 때가 기억나네요. 사람들은 저를 비난하며 이렇게 말했습니다. "나폴레온 힐은 세계 최초로 성공 철학을 만들었다면서 정작 본인은 찢어지게 가난하네." 안타깝게도 그 말은 사실이었습니다. 그때는 정말 돈이 없었어요. 하지만 지금 제게는 돈이 있어요. 경제적, 재정적으로 다른 사람은 평생 얻지 못할 만큼 소유하고 있지요. 성공 원칙을 발견하는 데 그치지 않고 제 삶에 활용했기 때문입니다. 남들에게 가르쳤을 뿐만 아니라 제 생활로 만든 거예요. 그 덕분에 저는 많은 사람이 원하지만 결코 가지지 못한 삶의 축복을 받을 수 있었습니다.

기본적인 두려움의 세 번째는 질병에 대한 두려움, 네 번째는 실연에 대한 두려움, 다섯 번째는 노화에 대한 두려움입니다. 여섯 번째는 자유를 잃는 두려움, 일곱 번째는 죽음에 대한 두려움이고요.

여러분, 지금까지 설명한 것들이 실패하는 진짜 원인입니다. 한 번에 묶어서 설명했으니 이해하기 쉬울 거예요. 전에 제가 굽은 강에 대해 이야기했죠? 가장 장애물이 적은 길을 따르는 강은 굽어진다고 했습니다. 열다섯 가지 실패의 원인도 마찬가지입니다. 사람도 장애물이 적은 길을 따르다 보니 목표 없이 인생을 흘려보내고, 명확한 핵심 목표를 세우지 않는 겁니다. 교양, 자기 수양, 야망, 끈기를 기르지 않아요. 뭐든 공짜로 얻으려 하고 결정을 단호히 내리지도 못합니다. 반면 성공한 사람은 싸워서 옳은 길을 찾고 장애물이 적은 길은 절대 택하지 않습니다. 강은 그런 길을 택하겠지만 성공한 사람은 그렇게 하지 않아요.

다음 장에서는 실패의 원인을 극복하는 방법을 집중적으로 알아보겠습니다.

제5장

끈기와 결단력

안녕하세요, 여러분. 저는 나폴레온 힐 연구소 교육부 국장 헨리 올더버그Henry Alderburg입니다. 이번 장에서는 제가 힐 선생님과 토론을 진행해보고자 합니다. 앞에서 힐 선생님이 집과 직장에서 일과 여가활동을 하며 활용할 수 있는 성공 원칙들을 소개해주셨죠. 성공하기 위해 반드시 해야 할 일만이 아니라 절대 하지 말아야 할 일도 알려주셨습니다. 바로 앞 장에서는 실패하는 주요 원인 열다섯 가지를 하나씩 상세히 알아봤는데요. 지금부터는 실패하는 이유가 무엇이고 어떻게 극복할 수 있는지를 알아보겠습니다.

나폴레온 힐 네, 가장 일반적인 실패의 원인 두 가지부터 알아보겠습니다. 제가 앞서 소개한 규칙들만 따르면 장애물을 간단히 디딤돌로 바꿀 수 있어요. 끈기와 결단력으로 실패의 원인을 극복하는 방법을 알아본 후에는 실패를 성공으로 바꿀 수 있는 방법을 말씀드리겠습니다.

실패하는 원인 첫 번째는 일이 힘들다고 포기하는 습관입니다. 아무리 잘나고 일에 능숙한 사람도 난관에 부딪히면 이도 저도 하지 못하는 경우가 많습니다. 장애물에 쉽게 굴복하는 이러한 행위는 엄청난 성공에 이르는 길을 포기하는 것이나 다름없어요. 하지만 역경을 만났을 때 포기하지 않고 제가 소개한 성공 원칙을 따르면 자신의 능력에 대한 믿음이 더욱 강해집니다. 어떤 어려움이 있어도 내 능력을 과소평가하지 말자고 결심하게 돼요. 그렇게 하면 곧 성공할 수 있습니다.

저는 인생에서 가장 큰 깨달음을 토머스 A. 에디슨의 경험담에서 얻었어요. 에디슨 선생은 어떻게 실패를 극복하고 백열전등을 완성했는지 제게 들려주었습니다. 문제의 해결책을 찾기 전까지 만 개가 넘는 아이디어를 시도했는데 그러는 족족 실패했다고 해요. 생각해보세요. 한 남자가 만 번의 실패를 경험하고도 흔들림 없는 믿음으로 계속 도전해 마침내 승리의 왕관을 쓴 겁니다. 평범한 사람은 한 번의 실패로도 쉽게 포기합니다. 그게 평범한 사람은 많지만 토머스 A. 에디슨은 한 명뿐인 이유겠지요.

실패의 원인 두 번째는 신속하고 확실한 결정을 내리지 못하고 미루는 습관입니다. 바쁘게 일하지 않고 가만히 앉아서 이득이 떨어지기를 기다리는 습관을 말해요. 성공한 사람은 자신에게 유리한 상황과 기회가 하늘에서 떨어지기만을 막연히 기다리지 않습니다. 그런 상황과 기회를 스스로 만들어내요.

헨리 올더버그 스스로 성공을 일구지 못하고 눈앞에 나타난 기회를 잡지 못하면 어떻게 되나요?

나폴레온 힐 아, 우유부단하게 결정을 미루면 어떤 대가를 치르게 되는지 아주 잘 보여주는 사례가 있어요. 몇 년 전, 대규모 자동차 제조회사 하나가 사업을 크게 확장할 프로젝트를 시작하기로 했습니다. 회장은 공장 내 다양한 부서에서 청년 사원 100명을 불러 모으고 이렇게 말했습니다. "앞으로 공장을 확장하고 자동차 생산량을 대폭 늘릴 계획이라네. 그 말은 현재 직원보다 많은 경영진과 부서장이 필요하다는 의미지. 자네들에게 하루 네 시간씩 사무실에서 일할 기회를 주겠네. 그곳에서 임원이 갖춰야 할 자질을 배우고 나머지 네 시간은 공장에서 원래 하던 일을 하는 거지. 밤에 숙제를 해야 할 수도 있고,

사회 활동을 포기하고 초과 근무를 해야 할 수도 있네. 급여는 현재 공장에서 받는 것과 동일하게 줄 생각이라 네. 카드를 나눠줄 테니 제안을 받아들일 사람은 모두 이름을 써주기 바라네. 결정할 때까지 한 시간을 주겠네. 그동안 서로 의견을 나누고 결정을 내리게."

헨리 올더버그 당연히 모든 직원이 제안을 받아들였겠죠?

나폴레온 힐 아니요, 그렇지 않았습니다. 카드를 받아든 회장은 살면서 그렇게 놀란 적이 없었다고 해요. 제안을 받아들인 직원이 100명 중 겨우 스물세 명이었거든요. 다음 날, 서른 명 넘게 회장실로 와서 제의를 수락하겠다는 결심을 알렸습니다. 몇몇은 아내와 의논하고 나서 결정을 내렸다고 설명했어요.

헨리 올더버그 그 서른 명은 어떻게 됐나요?

나폴레온 힐 회장은 이렇게 말했어요. "제의를 하고 결정에 필요한 사실을 최대한 설명하고 결심을 할 시간을 한 시간 줬지 않나. 무척 유감스럽네만 이 기회는 영원히 다시 오지 않을걸세. 내 경험에 따르면 결정에 필요한 모든 사실을 알고도 신속하고 정확하게 결정하지 못하는 사람은 장애물을 보자마자 재빨리 마음을 바꾸더란 말이지. 아니면 다른 사람이 자기 마음을 바꾸도록 설득하는 걸 허락하거나."

헨리 올더버그 아주 의미 있는 이야기네요. 빠르게 결정한 사람이 좋은 기회를 낚아챌 수 있다는 점에서 어쩐지 선생님과 앤드루 카네기 회장과의 관계와도 비슷하고요. 선생님의 경험담도 청취자 여러분께 들려주시죠? 그 일로 선생님 한 사람만이 아니라 전 세계 수백만 명이 도움을 받았잖아요.

나폴레온 힐 방금 말씀하신 건 40년도 지난 이야기입니다. US스틸을 세운 훌륭한 기업인 앤드루 카네기 회장을 처음 만난 때였어요. 앞에서도 짧게 설명했었죠. 그때 저는 밥 테일러 사의 잡지 기자로 카네기 회장을 찾아갔습니다. 대단한 업적을 남긴 카네기 회장의 성공 사례를 기사로 쓰기 위해였죠. 원래는 인터뷰 시간으로 세 시간을 허락받았는데 실제 인터뷰는 사흘 밤낮 동안 진행되었어요. 카네기 회장에게 목표가 무엇이냐는 이유 모를 질문도 받았습니다. 사흘 동안 카네기 회장은 이 세상에 새로운 성공 철학이 필요하다고 말했습니다. 당신 자신을 비롯해서 성공한 사람들이 평생 경험하며 배운 지식을 평범한 사람이 활용해서 도움을 받았으면 한다고 했고요. 성공한 사람이 어렵게 얻은 경험을 나누지 않고 무덤까지 가져가는 건 엄청난 죄라고 했습니다.

사흘째 저녁, 카네기 회장이 말했습니다. "성공 철학을 왜 책으로 써야 하는지 사흘 동안 이야기했지. 지금부터 질문을 하나 할 건데 답은 간단히 '예, 아니오'로 부탁하네. 하지만 확실히 결심을 하기 전까지는 대답하지 말게. 세계 최초로 성공에 관한 실용 철학을 정리하는 일을 내가 자네에게 의뢰하면 어쩌겠나. 20년 동안 내게서 지원금 한 푼 받지 않고 스스로 생활비를 벌면서 연구하고 성공한 사람들을 인터뷰할 생각이 있나?"

헨리 올더버그 당연히 그렇다고 하셨겠죠. 안 그랬다면 수많은 강연과 저술을 하지 않으셨을 테니까요. 아닌가요?

나폴레온 힐 저는 이렇게 말했어요. "예, 카네기 선생님. 선생님 의뢰를 받아들이겠습니다. 그뿐만 아니라 끝까지 해내겠다는 약속도 드리겠습니다." 카네기 회장은 이렇게 말했지요. "좋아, 자네에게 일을 맡기겠네. 제안을 수

락할 때의 마음가짐이 아주 마음에 들었어." 수년 후에야 알게 된 사실이지만, 그날 카네기 회장은 책상 아래에 스톱워치를 들고 있었습니다. 사흘 동안 모든 사실을 전달했으니 제가 결심할 시간을 딱 60초만 주겠다고 속으로 생각했다고 해요.

헨리 올더버그 카네기 회장은 왜 그토록 빠른 결정을 중요하게 생각했을까요?

나폴레온 힐 카네기 회장의 설명을 듣자니 신속하고 확실하게 결정을 못 내리는 사람에게는 중요한 임무나 책임을 믿고 맡길 수 없다고 합니다. 카네기 회장은 그것 말고 또 다른 자질도 눈여겨보고 있었습니다. 그게 없으면 20년 동안 연구를 꾸준히 하지 못한다고요. 그 자질은 성공의 이유에도 항상 꼭 들어 있었습니다.

헨리 올더버그 무슨 자질인가요?

나폴레온 힐 힘들 때 포기하지 않고 의지력을 더 짜내는 습관입니다. 카네기 회장은 어떤 일을 하든 장애물을 만나고 반대에 부딪힐 때가 있다는 사실을 알았던 거예요. 포기하는 자는 절대 승리하지 못하고 승리하는 자는 절대 포기하지 않는다는 걸 알았습니다.

헨리 올더버그 선생님은 20년간 성공 철학을 연구하고 발표해 전 세계적으로 유명해지셨죠. 그동안 가장 극복하기 어려웠던 난관은 무엇이었습니까?

나폴레온 힐 아마 들으면 놀라실 거예요. 저를 가장 힘들게 했던 건 가족과 친구들이었습니다. 제가 너무 무리한 일을 떠맡았다고 생각하는 사람들이 있었어요. 이 세상에서 제일가는 부자의 의뢰를 받았으면서 금전적인 보상을 안 받는다며 저를 나무랐습니다. 대부분의 가족과 친척이 공통적으로 보이는 희한한 특징이 하나 있어요. 가족 중 한 사람이 다른 가족보다 앞서 나가고 어마어마한 성공을 꿈꿀 때 그 사람의 의욕을 꺾어놓는 거죠.

헨리 올더버그 친척들이 반대하는 상황에서 어떻게 오랜 시간 의지를 잃지 않고 믿음을 지키셨나요?

나폴레온 힐 저 혼자 하지 않았으니까요. 마스터마인드 동맹의 도움을 받았습니다. 일이 힘들어질 때 용기를 북돋

위준 사람이 두 명 있었어요. 한 명은 후원자인 카네기 회장이었고, 다른 한 명은 새어머니였습니다. 새어머니는 제가 20년이라는 고된 세월을 버틸 수 있다고 믿어준 유일한 가족이었어요. 인간관계는 사람이 버틸 수 있는 힘을 주는 대단한 기적을 발휘합니다. 내게 우호적인 편이 한 명 이상 있으면 그 힘을 얻을 수 있어요.

헨리 올더버그 성공 철학을 정리하는 동안 카네기 회장 말고 다른 성공한 사람의 도움도 받으셨는지요?

나폴레온 힐 아, 그럼요. 안 그랬다면 저는 이 자리에 있지 못했을 겁니다. 카네기 회장의 의뢰로 일을 하는 동안 크게 성공한 사람을 거의 다 만날 수 있었습니다. 다들 제 성공 철학에 조금씩 보탬을 줬어요. 하지만 연구를 완성하고 세상의 인정을 받으려고 몸부림치는 동안 저는 사람들이 보이는 흥미로운 공통점을 한 가지 더 발견했습니다. 무언가를 간절히 필요로 할 때는 아무리 찾아도 도와줄 사람이 나타나지 않더라고요. 그러다 고비를 넘기고 인정을 받아서 더 이상 도움이 필요 없어지잖아요? 그러면 지구상에 존재하는 모든 사람이 도와주겠다고 찾아옵니다.

헨리 올더버그 방금 하신 말씀과 통하는 성경 구절도 있죠?

나폴레온 힐 네, 맞아요. 그 구절을 그대로 읊을 자신은 없지만 대충 이런 내용입니다. 가진 사람은 더 받을 것이고, 가지지 못한 사람은 가진 것마저 빼앗길 것이다. 성경에서 이 구절을 처음 읽었을 때 정말 그럴까 하는 의문이 들었어요. 하지만 이후 실제 경험을 하고 인류의 특성이 확실하다는 결론을 내렸습니다. 실패에 휘말리거나 실패한 사람을 돕고자 하는 사람은 없습니다. 한편 도움이 필요 없는 사람은 너도나도 어떻게 해서든 도우려 하죠. 이건 비슷한 사람끼리 모인다는 법칙으로도 설명할 수 있습니다.

다시 한번 강조하겠습니다. 모든 실패와 시련, 불운한 상황에는 그에 상응하는 이득이나 보상의 씨앗이 있습니다. 삶의 철학이 건강한 사람은 보상의 씨앗을 누구보다 빠르게 찾아 활용합니다. 운이 사람의 인생에 일시적으로 영향을 주는 것도 사실입니다. 하지만 이걸 기억하셔야 해요. 운 때문에 잠시 좌절하거나 실패하더라도 영원한 좌절이나 실패로 받아들이면 안 됩니다. 사람은 보상의 씨앗을 찾는 과정에서 실제로 실패를 영구적인 성공으로 바꿀 수 있어요.

헨리 올더버그 시련에 상응하는 보상의 씨앗이 있다고 하셨는데, 그걸 입증하는 사례가 있을까요?

나폴레온 힐 네, 시간이 허락한다면 수백 가지 사례를 소개할 수도 있지만 지금은 두 가지만 말씀드리겠습니다. 그중 하나는 제 인생을 완전히 바꾼 경험입니다. 저는 그걸 이용해 많은 사람의 인생을 바꾸기도 했죠. 저는 겨우 여덟 살에 어머니를 잃었습니다. 당연히 가슴 아픈 상처라고 안쓰러워하는 사람이 많아요. 하지만 그 상처에 있던 보상의 씨앗이 싹을 틔웠고 저는 현명하고 이해심 많은 새어머니를 만났습니다. 새어머니는 저를 낳아주신 어머니 대신 제가 힘들 때마다 용기와 믿음을 심어주셨어요.

두 번째 사례의 주인공은 에이브러햄 링컨입니다. 링컨은 첫사랑인 앤 러틀리지Ann Rutledge가 사망한 후 엄청난 상심에 빠졌습니다. 그 경험은 링컨의 영혼 깊은 곳에 있던 힘을 움직였고 그 안에 있던 자질을 세상에 내보였습니다. 그 운명적인 자질은 훌륭한 지도자가 절실하던 시기에 링컨을 가장 위대한 대통령으로 만들어주었어요. 링컨이 첫사랑을 잃은 게 불운이나 불행이었다고 할 수도 있습니다. 하지만 링컨은 상실에 굴하지 않고 반응해 영혼에 갇혀 있던 훌륭한 자질을 끌어냈습니다. 상실을 극복하기 위해 한 인간으로서, 또 정치인으로서의 야망을 키우고 불가능해 보이는 목표를 향해 달렸습니다. 인간에게 완전한 상실이란 없어요. 어떤 상황에서든 우리는 행복하게 살고 타인과 어울려 사는 법을 배웁니다.

헨리 올더버그 시련 얘기가 나와서 하는 말인데, 에디슨 씨와 만났을 때 청각장애로 어려움을 겪는다는 인상을 받으셨나요?

나폴레온 힐 아니요, 오히려 그 반대입니다. 놀랍게도 에디슨 선생의 청각장애는 저주가 아닌 축복이었어요. 청각장애에 있던 보상의 씨앗을 찾았고 그 씨앗을 훌륭하게 활용했기 때문입니다. 언젠가 에디슨 선생에게 청각장애가 문제되지 않았느냐고 물은 적 있어요. 대답은 이랬습니다. "아니요, 그보다는 축복이었습니다. 그 덕분에 내면의 소리를 듣는 법을 배웠으니까요."

헨리 올더버그 에디슨 씨의 그 말은 과연 무슨 뜻이었을까요?

나폴레온 힐 청각장애가 있었기에 청력으로 들을 수 있는 범위 밖에 귀를 기울이고 외부에 존재하는 지식의 원천에 더 강한 힘으로 다가갈 수 있었다는 의미죠. 에디슨 선생은 바로 그 원천에서 수많은 지식을 얻어 역사상 가장 위대한 발명가가 되었습니다. 말이 나온 김에 이야기하자면, 성공의 이유를 찾아 20년 동안 성공한 사람들을 분석하며 배운 사실이 하나 있습니다. 사람이 성공하는 정도는 장애물과 실패를 마주했을 때 극복하는 정도와 거의 오차 없이 정비례했어요.

헨리 올더버그 그 말을 어떻게 설명하면 좋을까요?

나폴레온 힐 이렇게 생각하면 됩니다. 자연은 인간이 고난을 겪으면 더 강해지도록 설계했습니다. 만약 문제가 없어서 열심히 노력할 필요가 없다면 인간은 뇌세포를 사용하지 않아 약해지고 퇴화하겠죠. 운동을 하지 않으면 팔이나 다리가 약해지는 것처럼요. 다들 알겠지만 자연은 신체를 잘 관리하지 않는 사람에게 벌을 내립니다. 생각으로 뇌세포를 사용하지 않는 사람도 마찬가지예요. 정신을 사용하지 않으면 게을러지고 신뢰할 수 없게 됩니다. 하지만 문제에 부딪히면 싫어도 머리를 움직여야 하기 때문에 정신력이 강해지죠.

부유한 가정의 자녀들을 한번 보세요. 부모가 돈이 있으니 자기 손으로 일을 하거나 자기 의지로 삶의 방향을 결정하지 않아도 된다고 착각하며 자랍니다. 자립하고 스스로 결정을 내리는 사람은 어쩌다 한 명이에요.

헨리 올더버그 선생님도 어린 시절 어렵게 자라셨죠?

나폴레온 힐 네, 저는 고난을 부르는 네 가지 강력한 요인이라는 축복을 갖고 태어났어요. 가난, 두려움, 미신, 문맹 말입니다.

헨리 올더버그 축복이라고 하셨나요?

나폴레온 힐 네, 축복이요. 왜냐하면 저는 태어날 때부터 다른 사람이 그와 같은 일반적인 실패의 원인 네 가지를 극복하도록 돕는 일에 인생을 바쳐야 할 운명이었기 때문입니다. 그러니 그것의 근본부터 배워야 했죠. 조금 더 밝은 의미의 축복도 볼까요? 관심 있으실지 모르겠지만 저희 부모님은 제일 큰삼촌의 이름을 따서 제 이름을 지었습니다. 삼촌이 돌아가실 때 제게 재산 일부를 물려주기를 바라고요. 다행히 그런 일은 없었죠. 다행이라고 하는 이유는 삼촌의 유산을 받은 사람들이 어떻게 됐는지 알기 때문입니다. 반면 저는 가난, 두려움, 미신, 문맹을 극복하기 위해 노력하며 지식을 쌓았습니다. 그 지식을 전파해 수백만 명을 도울 수 있었어요. 유산을 받은 사람들에게 남은 것은 돈뿐이었고 그마저도 오래가지 않았습니다.

헨리 올더버그 만약 선생님의 친구나 아들, 혹은 청취자가 자기만의 방식으로 인생을 살아갈 준비를 하고 있다고 가정해볼게요. 성공하기 위해 반드시 갖춰야 할 자질을 딱 한 가지만 꼽는다면 무엇일까요?

나폴레온 힐 어려운 질문이네요. 하지만 저는 주저 없이 이것을 선택하겠습니다. 힘들 때 포기하거나 그만두지 않고 계속 밀고 나가자고 다짐하고 각오하는 자질을 가장 추천해요. 이건 미래가 깜깜해 보일 때 제게 가장 큰 도움이 된 자질이기도 합니다. 이 자질 없이 평균 이상의 성공을 거뒀다는 사람은 본 적 없어요. 그런 사람이 있다는 얘기도 못 들어봤고요. 신이 인간이 고난을 통해 강해지고 현명해지도록 설계한 이유가 있다고 믿기 때문에 저는 그 자질을 선택하려 합니다.

헨리 올더버그 부유한 가정의 자녀 얘기를 들으니 이런 질문이 떠오르네요. 예전에 미국을 대표하는 부자들을 만났을 때 사업에서든 뭐든 아버지와 비슷한 업적을 남기거나 아버지를 능가한 아들을 보신 적 있나요?

나폴레온 힐 딱 한 명 봤습니다. 존 D. 록펠러 주니어요. 아버지의 업적을 따라잡기도 했지만 제 개인적인 생각으로는 여러 면에서 아버지를 능가했어요. 보통 물려받은 재산은 엄청난 저주로 작용합니다. 가난도 저주라고 할 수 있지만 그건 사람들이 가난을 그렇게 받아들이기 때문이에요. 가난을 그 상태를 극복할 수 있는 도구로 활용하지 않고요.

헨리 올더버그 그 말씀은 가난한 집에서 태어난 사람이 부잣집에서 태어난 사람보다 성공할 가능성이 더 높다는 뜻인가요?

나폴레온 힐 제가 지난 40여 년 동안 관찰한 바에 따르면 가난한 집 자식이 성공할 가능성이 확실히 더 높습니다. 가난을 참고 견디지 않고 가난을 극복하겠다는 마음을 먹었다면요.

헨리 올더버그 앤드루 카네기 씨가 성공에 관한 책을 쓰도록 후원해주겠다고 제안하면서 지원금 없이 스스로 생활비를 벌어야 한다는 조건을 달았을 때 선생님의 첫 반응이 궁금합니다. 어떠셨나요?

나폴레온 힐 같은 말을 들었던 다른 사람들과 똑같은 반응을 보였죠. 그렇게 돈이 많은 분이 내건 조건으로는 불공평하다고 생각했습니다. 하지만 나중에 깨닫고 보니 카네기 회장이 혜안이 있었더라고요. 저는 보수를 받지 않았기 때문에 성공의 원인을 조사하면서 본의 아니게 문제 해결 능력을 키우고 제 삶에 성공 원칙을 적용할 수 있었습니다. 카네기 회장의 선견지명 덕분에 오늘날 여기까지 온 거예요. 금전적 지원이 필요 없어졌을 때의 제 모습은 우리가 처음 만난 날 카네기 회장이 예상한 것과 크게 다르지 않았습니다.

헨리 올더버그 많은 분들이 이 점을 궁금해하실 것 같아요. 연구로 수익이 나기 전까지 20년 동안 어떻게 연구를 하면서 생활비를 버셨는지요?

나폴레온 힐 수도 없이 들은 질문이군요. 카네기 회장을 처음 만났을 때 저는 기자로 일하고 있었습니다. 당분간은 그 일을 하며 입에 풀칠을 했죠. 이후에는 영업사원을 가르치기 시작했어요. 제가 이쪽에 재능이 있더라고요. 3만 명 넘게 가르쳐서 영업 분야에 배출했는데, 대부분 영업의 귀재가 되었습니다.

헨리 올더버그 사적인 질문 하나만 더하고 끝낼게요. 예순다섯의 연세에 여전히 에너지가 넘치는 비결이 궁금합니다. 어떻게 지금까지 활력과 젊음을 유지하고 계신가요?

나폴레온 힐 칭찬 감사합니다. 쉴 틈 없이 열심히 사랑하고 매년 생일에 나이 한 살을 더하지 않고 빼는 습관이 있기 때문 아닐까요? 저는 지금 다시 30대 후반을 살고 있어요. 하지만 진지하게 대답하자면, 매일 일이 끝나면 기도로 하루를 마무리합니다. 그래서 많은 축복을 오래 간직할 수 있어요. 어떤 식으로 기도를 하는지 알려드릴게요. 아아, 무한한 지성이시여. 저는 더 많은 재산이 아니라 지혜를 원합니다. 그 지혜로 제가 갖고 태어난 축복을 활용해 제 마음을 있는 그대로 받아들이고 제가 선택한 길에 집중하겠다는 목표를 이루고 싶습니다. 아멘.

헨리 올더버그 힐 선생님, 저희 사무실에 도착한 수많은 질문 중 몇 가지를 추려 답변하는 시간을 갖도록 하겠습니다. 의뢰인들의 개인적인 문제에 답변하면서 독자 여러분께 선생님의 현명한 조언을 전해주시기 바랍니다. 첫 번째는 여성분의 질문입니다. "저는 여자가 임원으로 승진할 자격이 없다고 생각하는 사람의 비서로 일하고 있습니다. 제게는 더 책임이 큰 임무를 수행할 능력이 있어요. 어떻게 해야 그 자리로 승진할 수 있을까요?"

나폴레온 힐 허락을 받고 더 높은 직위에서 하는 업무 일부를 해보세요. 수당을 받지 않고 근무 시간 외에 그 일을 합니다. 수당 없이 초과 근무를 하겠다는데 반대할 고용주는 없죠. 더 높은 자리에 올라갈 자격이 있다고 능력을 증명하는 겁니다.

헨리 올더버그 다음은 개인 사업을 시작하고 싶어 하는 남성분의 질문이네요. "저는 큰 화물 운송회사에서 일하고 있습니다. 이 일에 관해 속속들이 다 알아요. 화물 운송사업을 시작하고 싶지만 필수 장비를 구입할 자본이 없습니다. 필요한 돈을 어디서 구하면 좋을까요?"

나폴레온 힐 우선 동업자를 찾는다는 광고를 내보세요. 필요한 자금을 빌려주고 사업의 책임 일부를 나눠 질 수 있는 사람을 찾는 겁니다. 질문자님의 경험과 동업자의 자금이 만나면 양쪽 다 만족하는 결과가 나올 거예요. 적합한 사람을 찾기만 한다면요. 지역신문과 『월스트리트저널』경제란에 광고를 내면 원하는 사람을 찾을 수 있을 겁니다.

헨리 올더버그 이번에 고등학교를 졸업하는 청년의 질문입니다. "올해 졸업을 하는데 능력 있는 사업가 밑에서 일하고 싶습니다. 그 사람의 경험을 보고 배울 수 있게요. 그런 곳에 취직하려면 어떻게 해야 할까요?"

나폴레온 힐 고등학교에서 실무 교육을 받을 수 없다면 비즈니스스쿨에서 비서 양성 과정을 밟는 방법이 있습니다. 좋은 비서 찾기는 하늘에서 별 따기라서 어렵지 않게 일자리를 구할 수 있어요. 질문자님이 고용주를 고르는 것도 가능합니다. 이 분야에서 일을 하면 사업에 도움이 될 인맥을 쌓고 성공한 사업가를 보며 배울 수도 있죠. 더 높은 자리로 오르는 데 완벽한 디딤돌이 될 겁니다.

헨리 올더버그 한 주부님이 이런 질문을 하셨네요. "가계에 보탬이 되고 싶은데, 집에서 할 일을 찾으려면 어떻게 해야 하나요? 결혼 전에는 전화국 교환실장으로 일했고 전화 목소리가 아주 듣기 좋은 편입니다."

나폴레온 힐 전화국에서 일한 경험과 듣기 좋은 목소리를 활용해 전화로 상품을 판매할 수 있겠네요. 보험이나 자동차 영업사원에게 잠재 고객을 알선해줄 수도 있고요. 거의 모든 서비스나 상품 분야에서 일할 수 있겠어요. 전화로도 가계를 얼마든지 책임질 수 있습니다. 뉴욕에 사는 한 여성은 전화기를 열 개 넘게 두고 일하는걸요. 밑에 숙련된 교환원들을 직원으로 두고 웬만한 사업가보다 돈을 더 많이 벌고 있어요.

헨리 올더버그 이번에는 한 교수님의 질문입니다. "식구가 늘어나 지금 학생들을 가르쳐 받는 돈으로는 부족해졌어요. 어떻게 하면 좋을까요?"

나폴레온 힐 대답은 뻔합니다. 다른 분야로 가셔야죠. 예를 들어 영업 같은 분야요. 지금 하는 일을 하면서 저녁 시간에 파트타임으로 영업 일을 시작해서 영업에 소질이 있는지 확인해보세요.

헨리 올더버그 상담해주셔서 감사합니다, 힐 선생님. 다음 장에서는 여기 나폴레온 힐 선생님이 다년간의 연구로 발견한 성공 원칙들을 더 자세히 설명해드릴 겁니다.

나폴레온 힐 감사합니다, 여러분. 이번 장에서 나눈 이야기를 통해 끈기와 결단력으로 어떻게 시련을 이득으로 바꾸고 실패의 원인을 극복하는지 배우셨기를 바랍니다. 다음 장에서는 역시 중요한 성공 원칙인 자기 수양에 대해 이야기해보겠습니다.

제6장

자기 수양

안녕하십니까, 여러분. 이번 장에서는 성공의 필수 원칙 가운데 하나인 자기 수양에 대해 살펴보겠습니다. 저는 자기 수양이 모든 원칙을 통틀어 사람에게 가장 필요한 원칙이라고 생각합니다. 이렇듯 중요한 문제지만 여기에 관심을 보이지 않는 사람이 대부분이죠.

본격적으로 이야기를 시작하기에 앞서 드릴 말씀이 있습니다. 자기 수양의 원칙을 최대한 활용하려면 기준으로 삼을 체계가 있어야 합니다. 계획이 필요해요. 여러분이 선택한 일과 상황, 욕구에 항상 집중하고 원하지 않는 나머지는 과감히 버려야 합니다.

원하는 인생 목표에 마음을 집중하고 원하지 않는 일에는 신경 *끄기*. 그것이 가장 높은 수준의 자기 수양입니다. 그거 아시나요? 대부분의 사람은 원하지도 않는 것에 마음을 사로잡힌 채로 평생을 보냅니다. 건강에 대한 두려움, 가난에 대한 두려움, 비판에 대한 두려움 말이에요. 비판에 대한 두려움은 모든 두려움의 출발점으로도 작용하죠. 처음 연구를 시작하던 때가 생각나네요. 그때가 가장 힘든 시기였어요. '그들'이 뭐라고 할지 두려웠기 때문입니다. '그들'이 누구인지는 지금도 모르겠지만 아무튼 두렵다는 건 확실했습니다.

저는 일명 '8인의 왕자' 기법으로 자기 수양을 합니다. 8인의 왕자란 내면의 자아와 연결해 만든 상상의 존재예요. 왕자들의 임무는 제 행복, 성공, 번영, 건강에 필요한 모든 수단과 방법을 제공해주는 것입니다. 여러분도 이 방법을 사용해보세요. 하지만 다른 방법을 써도 효과는 똑같으니 각자 선호하는 기법을 선택해도 괜찮습니다.

자신의 마음을 지배하고 원하는 목표에만 전념하면 인간은 자신의 운명을 스스로 결정할 수 있습니다. 이는 무한한 지성이 내려준 보상입니다. 그 정도면 괜찮은 보상이죠? 신은 인간을 만들 때 다른 건 몰라도 모든 인간이 자신의 마음을 완전히 통제하도록 설계했습니다. 개개인의 성공과 마음의 평화라는 목표에 마음을 쏟게 했죠. 이 특권은 단연 이 세상에서 가장 가치 있는 보물입니다. 하지만 그토록 훌륭한 특권으로 원하는 것이 아니라 원하지 않는 것을 얻는 사람들이 있어요.

마음을 지배하고 다스리지 않는 사람은 바람처럼 휘몰아치는 상황에 휩쓸려 날아가버립니다. 영원히 통제권을 잃어버리죠. 다시 말해, 마음을 지배하는 법을 배우지 않으면 바람에 날리는 낙엽처럼 이리저리 휩쓸리며 살게 된다는 말입니다. 도움이 되는 일에 마음을 집중하고 쓸모없는 일에는 관심을 끊어야 해요.

자기 수양의 열세 가지 방법

재미있는 얘기 하나 해드릴게요. 저는 인생 철학을 정립하면서 나폴레온 힐이라는 사람도 재정립해야 했습니다. 엄청난 작업이었어요. 거의 맨바닥부터 시작해야 했거든요. 맨바닥보다 더 아래였을지도 모릅니다. 아무튼 바닥에서 몇 번이나 미끄러지고 다시 일어나야 했어요. 저는 열세 가지 부분에서 자기 수양으로 인격을 다시 쌓아올렸습니다. 이 열세 가지 방법을 주의 깊게 관찰해주세요. 설명을 들으며 여러분 자신과도 비교해보시고요. 제가 했던 자기 수양이 어떤 점에서 본인에게 도움이 될지 찾아보시기 바랍니다.

연구를 시작할 때만 해도 저는 자신감이 없었어요. 지

금의 저를 아시는 분은 믿기 힘들겠지만 사실입니다. 저는 나폴레온 힐을 제외한 모든 것을 믿었습니다. 헨리 포드와 토머스 A. 에디슨 같은 사람들에게 직접 도움을 받는다면 나도 훌륭한 자질을 얻을 수 있지 않을까? 그들만큼 크게 성공할 수 있지 않을까? 이런 생각으로 그들의 도움을 간절히 원하고 받으려 애를 썼습니다. 그게 필요하지 않았다는 사실은 나중에서야 알았어요. 스스로를 믿으면 혼자서도 성공할 수 있었던 겁니다. 자기 자신을 믿는 것, 그것이 자기 수양의 첫 번째 방법입니다.

다음으로는 일곱 가지 기본적인 두려움을 억눌러야 했습니다. 특히 가난과 비판에 대한 두려움이요. 그 둘은 정말 커다란 장애물로 작용합니다. 그걸 극복하는 법을 배우기 전까지는 저도 변변찮은 인생을 살았어요. 지금은 누군가가 저를 비판해도 예전처럼 화가 나지 않습니다. 그 대신 자기 점검을 시작하죠. 우선 비판하는 사람이 현명한 비판을 할 자격이 있는지 확인합니다. 만약 그렇다면 제 자신을 점검하며 비판이 합당한지 확인하죠. 대부분의 경우 합당하더라고요. 저는 수년간 다른 사람의 비판을 활용해 더 나은 사람으로 발전했습니다.

셋, 스스로 정한 한계를 무너뜨렸습니다. 여러분, 시간이 날 때 자리에 앉아서 여러분을 제한하는 장소나 상황을 종이에 쭉 적어보세요. 우선 소득부터 시작합니다. 사실 특정 소득 계층에 속하는 사람은 죽을 때까지 위로 올라가지 못해요. 가장 큰 이유는 한계를 부수고 더 높은 목표를 노리지 않기 때문입니다. 이렇게 기회가 넘치는 나라에서 소득 때문에 스스로 한계를 정하지는 마세요.

넷, 저는 자신의 마음을 활용할 수 있는 인간의 특권을 인식하고 받아들였습니다. 제가 선택한 목표에 마음을 집중했어요. 이 책을 읽고 계시는 분들도 이와 같은 인간의 특권을 받아들이지 않는 실수를 저지른 경험이 있을 겁니다. 내 마음을 다스려야 한다는 깨달음을 얻지 못한 분도 많을 거예요. 지금부터라도 마음을 지배하고 이루고자 하는 인생 목표에 전념해야 합니다. 원하지 않는 상황에 휩쓸리지 말고요.

저도 몇 년에 걸쳐 그 방면에서 자기 수양을 해야 했습니다. 여러분은 어떠십니까? 답은 안 알려주셔도 돼요. 마음과 머리로 직접 생각을 해보라는 말씀입니다. 여러분은 자신의 마음을 얼마나 통제하고 계시는지요?

다섯, 오랜 세월에 걸쳐 명예와 물질적인 부에 감사하는 마음을 길렀습니다. 열심히 노력하고 현명하게 행동한다면, 이 성공 철학을 배워서 활용한다면, 언젠가는 어마어마한 부와 명예를 얻기 마련입니다. 그때가 되면 절대 방심하지 말고 스스로를 감시하세요. 부와 명성을 얻고도 감사함을 느끼지 못하는 사람은 그 부와 명성을 누리지 못합니다.

예전의 저는 지금처럼 인정을 받고 유명해지고 싶었어요. 그 목표를 위해서라면 전 재산도 내놓을 수 있었습니다. 하지만 그때 소원을 이뤘더라면 지금처럼 감사하는 마음을 갖지는 못했을 겁니다. 이 자리에 오기까지의 길이 얼마나 길고 험난한지 그때는 몰랐기 때문입니다.

여섯, 보상을 수확하기 전에 노력의 씨앗을 뿌렸습니다. 이 부분에 특히 집중해주세요. 수확을 하려면 씨를 먼저 뿌려야 한다는 자기 수양법을 배워야 할 사람이 많습니다. 오늘날 대부분의 사람은 씨를 뿌리기도 전에 수확을 하려고 해요. 즉, 무언가를 공짜로 얻으려 합니다. 아니면 실제보다 가치를 깎으려고 하지요. 인생이라는 시장에서 흥정을 하려 합니다. 솔직하게 말하면 인생에는 흥정이 통하지 않아요. 우리가 손에 넣는 모든 것의 가치는 대가를 요구합니다. 값을 지불하지 않으면 얻을 수가 없어요. 대용품을 구할 수도 있겠지만 겉모습만 비슷할 뿐 진품만 한 가치는 없습니다.

일곱, 저는 시간의 90퍼센트를 남에게 내주고 10퍼센트로만 수익을 내던 방식을 다스려야 했습니다. 저 비율은 옳지 않아요. 오늘날 너무도 많은 사람이 무상으로 지나친 노동력을 바치고 인생에서 성공하지 못하고 있습니다. 네, 저는 보수보다 더 열심히 일하라는 철학을 지지합니다. 하지만 더 노력하고 남에게 도움을 줬으면 어떤 형태로든 보상을 받아야죠. 스스로를 함부로 대하지 마십시오. 저는 시간의 90퍼센트로 수익을 내고 10퍼센트를 나누어 주는 비율이 가장 적당하다고 생각합니다.

여덟 번째 자기 수양법은 목표가 정직하고 진실하다면 성공할 수 있다는 착각과 관련이 있습니다. 그렇게 생각하는 분이 있다면 당장 그만두세요. 물론 정직하고 진실한 목표는 아주 바람직합니다. 하지만 그것이 성공을 보장해주지는 않아요. 정확히 말해, 이 세상에서 성공을 확신하려면 열일곱 가지 성공 원칙을 전부 지켜야 합니다. 최소한 열일곱 가지 중 다수를 조합해 삶에 적용해야 해요.

몇 년 전, 저는 버지니아주에 있는 임대주택에 관해 설문조사를 진행했었습니다. 조사 결과에 따르면 임대주택에 살면서 정부 지원을 받는 거의 모든 사람은 정직하기 때문에 그곳에 살고 있었어요. 정직도 좋지만 내 이익과 권리를 챙기는 것도 중요합니다. 단지 정직하다는 이유만으로는 성공할 수 없습니다.

아홉, 잘못된 시간 분배와 사용 방식을 바로잡았습니다. 이 책을 읽고 계신 분 중에도 시간을 배분해서 일하는 분이 있겠지요. 하지만 시간 배분이 얼마나 중요한지는 한 번쯤 생각해보시기 바랍니다. 시간을 배분하지 않고 있다면 어서 시작하세요. 인생의 목표를 이루기 위해 필요한 일 하나하나에 전념할 수 있는 시간표를 짜세요. 시간표를 짰으면 정해진 시간은 절대 어기지 말아야 합니다.

열, 저는 인생의 핵심 목표를 고수했습니다. 이 자기 수양은 성공 철학을 연구하기 시작하고 처음 20년 동안 특히 도움이 됐어요. 기업의 스카우트 제안을 받고 마음이 흔들릴 때도 있었습니다. 인생 철학을 포기하면 제 재주와 능력을 활용해 돈을 많이 벌 수 있었어요. 하지만 저는 목표에서 벗어나고 싶은 유혹에 흔들릴 때마다 포기하지 않고 연구를 계속했습니다. 한 푼도 받지 못하고 20년 동안 명확한 핵심 목표를 고수하기란 쉽지 않은 일이었습니다. 목표를 관철하려면 엄청난 자기 수양이 필요해요.

열하나, 부족한 인내심을 길렀습니다. 일을 시작할 때만 해도 저는 인내심이 별로 없었어요. 다른 사람의 인내심이 넘치는지 아닌지는 제가 알 수 없는 노릇이지요. 제 인내심이 충분한지도 잘 모르는걸요. 하지만 이건 자신

있게 말씀드릴 수 있어요. 제 인내심은 예전보다 확실히 늘어났습니다. 복잡한 세상에서 평온한 마음으로 사람들과 잘 어울리며 행복하게 살기 위해서는 인내심이 필요하죠. 미국 정부가 하는 일을 지켜보는 데도 상당한 인내심이 필요합니다. 하루가 멀다 하고 국민들의 인내심을 시험하는 사건이 터지니 말입니다. 그래도 우리는 참아야 합니다.

열둘, 무형자산의 목록을 정리하고 가진 것에 감사하지 않았던 실수를 바로잡았습니다. 눈에 보이지 않는 자산을 목록으로 정리해보신 분은 몇 분이나 계실까요? 은행에 넣어둘 수 있는 재산 이야기가 아닙니다. 저는 성공철학을 연구하는 동안 누구보다 현명하고 성공한 사람들과 함께 일했습니다. 역사상 저만큼 성공한 사람을 많이 만나본 철학가, 작가, 강연자는 없을 거예요. 한동안은 제가 얻은 기회가 얼마나 대단한지 진가를 알아보지 못했습니다. 최소한 성인이 되고 처음 20년에서 25년은 그랬어요. 그들의 도움으로 얻은 어마어마한 이익을 재산 목록에 넣지 않았던 거죠. 다시 말해, 감사하는 마음을 더 예리하게 갈고닦지 못했던 겁니다.

여러분, 자신이 누리는 축복에 감사하지 않고 은혜를 입은 사람에게 의리를 지키지 않는 사람은 아무리 가진

게 많아도 가난합니다.

마지막으로 저는 부를 과시하고 싶은 마음을 통제했습니다. 캐츠킬산과 플로리다에 저택 두 채를 사고 2만 2500달러짜리 롤스로이스 두 대를 산 후에야 소박한 삶의 미덕을 배울 수 있었습니다. 현재 저희 부부만큼 단순하게 사는 사람은 어디에서도 찾아보기 힘들 거예요. 저희는 만족하고 있습니다. 자유롭고 마음이 평온하고 몸이 건강하기 때문입니다. 부족한 것은 없어요.

과거에는 사용하지 않을 물건을 잔뜩 짊어지고 살았습니다. 겉모습을 꾸며야 한다고 생각했어요. 성공 원칙을 가르치려면 실제로 성공했음을 세상에 보여줘야 한다고 생각했죠. 지금은 생각이 달라졌습니다. 저는 자기 수양을 통해 어떤 상황에서도 제 본모습을 지키는 법을 배웠습니다. 말과 생각이 일치하게 되었습니다. 낡고 저렴한 차를 몰고 싶다면 그렇게 할 수 있어요. 신형 롤스로이스가 왜 필요한가요?

야회복이나 턱시도 대신 정장을 입고 공식석상에 참석하고 싶을 때도 마찬가지입니다. 저는 자주 그렇게 해요. 사실 이제는 턱시도나 야회복도 없습니다. '나는 나'이기 때문에 나폴레온 힐다워야 한다고 스스로 다짐합니다. 절대 남을 흉내 내거나 따라 하지 않으려 해요. 그런 마음가짐에는 상당한 자기 수양이 필요합니다.

이 열세 가지 사례를 들으면 자기 수양이 얼마나 중요한지 실감 나실 겁니다. 자기 수양을 하지 않는 사람은 인생에서 표류할 뿐입니다. 모든 강이 그러하듯 가장 장애물이 적은 길을 따라 흐르며 이익을 얻으려 하죠. 그리고 불행히도 어떤 사람들은 그로써 손해를 입습니다.

가장 중요한 시간의 활용

자기 수양에서 특히 강조하고 싶은 주제가 있어요. 바로 시간 활용입니다. 시간은 인간의 병을 치료해주는 범우주적인 의사입니다. 우주의 모든 존재를 연결하는 에너지를 약으로 사용하죠. 따라서 우리는 자기 수양을 하며 내 뜻에 맞게 시간을 활용해야 합니다.

시간은 몸과 마음의 상처를 깨끗이 낫게 해줍니다. 모든 문제를 적절한 결과로 바꿔주는 역할을 해요. 우리가 질병, 불편, 약점, 시련이라 부르는 것들 있죠? 이것들은 오직 시간으로만 치유할 수 있습니다. 다른 약은 없어요. 고난과 실망의 때를 맞추는 법을 배워야 합니다. 모든 일에 시기를 맞출 줄 알아야 해요. 분별없는 청년은 시간이 흐르며 지혜로운 어른으로 변모합니다. 대단하지 않나요? 시간은 젊을 때의 실수를 어른의 지혜로 바꿔줍니다. 늙기 싫다고 불평하는 사람이 있으면 이렇게 얘기해주세요. 자연의 의도대로 나이 들어가며 참된 지혜를 쌓는다면 그건 엄청난 축복이라고요.

또한 시간은 가슴의 상처와 일상의 불만을 용기, 끈기, 이해심으로 바꿔줍니다. 시간이 이런 친절과 자비를 베풀지 않았다면 대부분의 사람은 젊었을 때 모든 것을 포기했을 거예요. 이건 분명한 사실입니다. 젊은 시절을 한번 돌아보세요. 시간이 여러분의 편이 아니었다면 아직도 상처로 고통을 받고 있었겠죠. 시간은 밭의 곡식과 나무의 열매를 무르익게 해 인간이 인생을 즐기고 생명을 유지하게 도와줍니다. 성질 급한 사람의 머리도 식혀줘요. 대단하지 않나요? 이 사실은 더 강조해야겠어요. 머리를 식혀야 하는 불행을 경험하지 않은 사람이 한 명이라도 있을까요?

시간이 흐르면서 시행착오를 통해 자연의 위대한 법칙을 발견하고 잘못된 판단을 이롭게 활용할 수도 있습니다. 시간만큼 귀중한 재산은 없어요. 언제든 1초밖에 사용할 수 없기 때문입니다. 확실한 건 그것뿐이에요. 한 번에 1초씩입니다. 시간은 자비를 베풀기도 합니다. 우리는 시간의 흐름과 함께 잘못과 실수를 뉘우치고 유용한 지식을 쌓을 수 있습니다. 잘못과 실수를 활용해서 이득을 보는 변화는 오직 시간을 통해서만 가능합니다.

시간은 자연법칙을 정확히 해석하고 자연법칙을 길잡이 삼아 바른 인생을 사는 사람을 좋아합니다. 반면, 자연법칙을 어기고 무시하는 사람에게는 엄한 벌을 내립니다. 시간은 놀라운 습관의 힘이라는 보편적인 법칙의 책임 조종사입니다. 생물과 무생물의 모든 습관을 고쳐줘요. 보상의 법칙도 조종합니다. 모든 사람은 그 과정을 통해 자기가 뿌린 씨앗을 거두죠. 보상의 법칙이 항상 빠르게 적용되지는 않습니다. 하지만 언젠가는 확실한 보상이 옵니다. 철학가는 시간의 변치 않는 습성과 패턴을 이해합니다. 그래서 어떤 문제의 원인을 분석해서 다가올 문제의 성격을 예측할 수 있습니다.

변화의 법칙도 시간이 담당해요. 변화의 법칙에 따라 사람을 비롯한 모든 존재는 잠시도 같은 상태에 머물지 않고 계속 움직입니다. 우리에게 굉장히 유리하게 작용하는 진리죠. 그 덕분에 실수를 고치고 거짓된 두려움과 나약한 습관을 버릴 수 있으니까요.

지난날의 경험을 생각해보십시오. 계속해서 마음을 아프게 하고 괴롭히던 병은 오직 자비로운 시간이라는 의사의 치료로만 낫지 않던가요?

시간 앞에서의 일곱 가지 약속

저는 「시간 박사님에게 바치는 약속My Commitment to Dr. Time」이라는 에세이를 썼는데, 그 내용을 요약하자면 이렇습니다. 하나, 시간은 가장 귀중한 자산이니 정해진 시간표를 지키겠습니다. 깨어 있는 모든 순간을 자기계발에 사용할 것입니다.

둘, 앞으로는 시간을 소홀히 흘려보내는 행위를 죄악으로 여기겠습니다. 죄를 저질렀다면 속죄하고 낭비한 만큼의 시간을 유용하게 쓰겠습니다. 저도 가끔은 시간을 낭비하지만 보통은 그러고 나서 시간을 더 알차게 보내 낭비한 시간을 만회하려 합니다.

셋, 제가 뿌린 씨앗의 곡물을 거둘 수 있음을 이해하고 저 자신과 타인에게 도움이 될 씨앗만을 뿌리겠습니다. 보상의 법칙을 떠받들고 거기서 이익을 구할 것입니다.

넷, 앞으로는 시간을 이용해 날마다 마음의 평화를 찾으려 노력하겠습니다. 마음이 평온하지 않다면 제가 뿌린 씨앗을 다시 살펴봐야 한다는 뜻으로 알겠습니다.

다섯, 이제는 제 사고방식이 시간의 흐름에 따라 내 삶에 영향을 미치는 모든 상황을 끌어들여 패턴이 된다는 사실을 이해합니다. 따라서 언제나 제가 원하는 상황만을 생각하겠습니다. 두려움과 좌절처럼 원하지 않는 것에는 조금의 시간도 투자하지 않을 것입니다. 저는 이 항목이 제일 중요하다고 생각해요.

여섯, 이 세상에서 사용 가능한 시간이 무한하면서도 유한하다는 사실을 염두에 두고 가능한 한 주어진 시간을 알차게 사용하고 주변 사람에게 선한 영향력을 미칠 수 있도록 노력하겠습니다. 그들도 저를 본보기 삼아 시간을 최대한 활용하기를 바랍니다.

마지막으로, 남은 평생 매일 이 약속을 반복하겠습니다. 이 약속이 제 인격을 높이고 제게 영향을 받은 사람들도 인격도 수양한다는 믿음으로 약속을 지켜나갈 것입니다.

이렇듯 시간은 놀라운 기적을 일으킵니다. 하지만 눈 깜짝할 새 사라져버릴 수도 있어요. 시간을 이롭게 활용하려면 조금도 방심하지 않고 부단히 자기 수양을 해야 합니다.

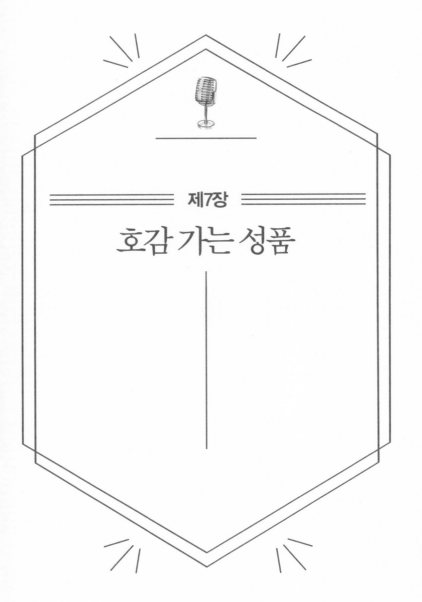

제7장

호감 가는 성품

지금부터는 호감 가는 성품의 중요성에 대해 알아보도록 합시다. 여러분과 만나는 타인은 세 가지 기준으로 알게 모르게 여러분의 성품을 평가합니다. 우선 처음 만났을 때의 겉모습으로 판단합니다. 옷이 날개라는 말이 있죠. 그 말이 사실인지는 저도 모르겠습니다. 솔직히 사실이라는 생각은 안 들어요. 하지만 처음 정식으로 사람을 소개받는 자리에서는 옷이 큰 역할을 한다는 건 압니다. 그건 확실해요. 게다가 첫인상을 남길 수 있는 기회는 한 번뿐이고요.

　실제로 대면했을 때 성품을 평가하는 두 번째 기준은 목소리입니다. 혹시 아십니까? 사람은 실제 말하는 내용보다 목소리 톤으로 상대를 평가할 때가 많아요. 말하는 소리를 들으면 심리학 전문가가 아니어도 그 사람의 진정성을 느낄 수 있습니다. 말에서 진정성이 느껴지지 않는 사람을 그리 신뢰할 수는 없겠죠.

성품을 평가하는 세 번째 기준은 분위기입니다. 그러니까 아무 말이나 행동을 하지 않을 때의 느낌이요. 입을 열고 말을 하지 않아도 여러분의 마음가짐은 분명 타인에게 전달됩니다.

성품 이야기가 나와서 하는 말인데, 제 친구 하나는 아내가 원해도 부부 동반으로 다니지 않는다고 해요. 지금까지 아내에게 호감을 느낀 사람이 한 명도 없었다면서요. 그 친구에게 아내는 자랑거리가 아니라 골칫거리인 셈이죠. 친구의 말을 듣고 아내는 불쾌해하며 이렇게 대꾸했다고 합니다. "그럼 내기하면 되겠네. 같이 길을 걷다가 뒤돌아보는 거야. 내 옆을 지나치는 사람은 전부 내쪽으로 고개를 돌릴 테니 말이야. 그 정도면 사람들이 내게 호감이나 매력을 느낀다고 봐도 되겠지?" 친구는 아내의 제의를 받아들였습니다. "좋아, 그렇게 하지."

네, 두 사람은 정말 거리로 나갔습니다. 특히 남자들이 고개를 돌려 친구의 아내를 돌아보았어요. 한 명도 빠짐없이요. 여자들도 마찬가지였습니다. 몇몇은 경계하듯 턱을 치켜들었지만 고개를 돌려 쳐다본 건 확실했어요. 하지만 친구는 아내의 뒤에 있었기에 진실을 몰랐습니다. 그 부인은 사람들 옆을 지날 때마다 얼굴을 일그러뜨렸

던 거예요. 당연히 상대방은 놀라고 당황해서 돌아볼 수
밖에 없었죠.

호감 가는 성품의 비밀

성품은 성공과 실패를 가르는 중요한 기준입니다. 호
감 가는 성품에는 스물다섯 가지 요인이 있어요. 이제부
터 이야기할 이 스물다섯 가지 요인을 하나하나 다 적어
보시기 바랍니다. 목록으로 적은 후에는 항목별로 자기
성격을 평가해보시고요. 점수는 상, 중, 하로 매깁니다.
여러분이 받아 적을 수 있게 천천히 또박또박 이야기하
겠습니다. 호감 가는 성품의 스물다섯 가지 요인을 기준
으로 자기평가를 한 다음에는, 배우자처럼 여러분을 잘
아는 다른 사람에게 목록을 주고 평가를 부탁하세요. 두
번의 평가 과정을 거치면 훨씬 더 도움이 됩니다. 의외로
몇 가지 항목에서는 점수가 다를 수 있어요.

사람의 성품은 타인과 구별되는 정신적 특성과 신체적
특성의 총합입니다. 다른 무엇보다도 사람의 호감과 비
호감을 결정하는 중요한 요인이죠. 우리는 성품을 통해
타협하며 인생을 살아갑니다. 성품에 따라 타인과의 갈

등을 최소한으로 줄이는 능력의 수준도 달라져요.

성품의 경제적인 가치는 소득 상위 계층에 부정적인 성격의 소유자가 별로 없다는 사실로 확인할 수 있습니다. 호감 가는 사람은 누구를 대하든 어렵지 않게 자신을 홍보합니다. 가족과 친구는 물론 사무실과 상점에서 만나는 사람을 대할 때도 마찬가지예요. 위대한 기업가이자 자선사업가이며 제 후원자이기도 한 앤드루 카네기 회장에게 이런 말을 들은 적 있습니다. 카네기 회장은 찰스 M. 슈와브^{Charles M. Schwab}를 US스틸 회장으로 임명하며 연봉 7만5000달러를 주었습니다. 슈와브 회장의 호감 가는 성품 덕분에 회사 분위기가 따뜻하고 편안해지자 100만 달러를 더 지불했다고 해요. 그러니까 성품은 지능이나 경력보다 열 배는 더 가치가 있다는 말입니다. 굉장한 사실 아닌가요? 카네기 회장의 말에 따르면 슈와브 회장이 매장이나 공장에 들어가서 아무런 말이나 행동도 하지 않고, 쳐다보지도 않아도 전 직원의 능률과 생산성이 최소한 10퍼센트 상승했다고 합니다. 그냥 걸어 들어가기만 했는데도요.

그렇다면 호감 가는 성품을 구성하는 요소는 무엇일까요? 지금부터 하나씩 자세히 알아보겠습니다. 호감 가는 성품의 첫 번째 요소는 바로 긍정적인 마음가짐입니다. 가장 중요하기 때문에 첫 번째 요소로 가장 앞에 소개해야 해요. 말이나 생각, 행동의 바탕이 되는 긍정적인 마음가짐은 감정이 결정합니다. 사람에게는 핵심적인 감정 열네 가지가 있어요. 그중 믿음, 희망, 사랑, 열정, 성욕, 충성심, 쾌활함은 긍정적인 감정입니다. 부정적인 감정은 두려움이에요. 즉, 일곱 가지 기본적인 두려움인 가난에 대한 두려움, 질병에 대한 두려움, 비판에 대한 두려움, 사랑하는 사람을 잃는다는 두려움, 개인의 자유를 빼앗긴다는 두려움, 노화에 대한 두려움, 죽음에 대한 두려움을 말합니다. 한 사람의 마음가짐은 마음을 지배하는 이 열네 가지 감정이 결정합니다.

마음가짐은 자석이 철가루를 끌어당기듯 마음을 지배하는 생각의 실체를 끌어당기는 매개체 역할을 합니다. 항상 긍정적인 마음가짐을 유지하세요. 그러면 인생은 여러분이 정한 조건에 따라 보상을 내려줍니다.

사람이 긍정적인 마음을 먹으면 어떤 모습일까요? 언제나 긍정적인 마음가짐을 유지하는 사람은 어떻게 행동할까요? 항상 인생의 긍정적인 면만을 봅니다. 안 좋은 상황이 닥쳐도 좌절하지 않고 상황을 받아들여요. 최선의 결과를 원하고 기대하죠. 설령 최악의 결과가 나와도 새로운 기회로 활용할 뿐 속상해하지 않습니다. 불평할 이유가 많더라도 불평하지 않고 화를 내지 않아요. 절대 비난하지 않습니다.

호감 가는 성품의 두 번째 요소는 융통성입니다. 융통성은 굉장한 자질이에요. 정신적으로든 육체적으로든 유연하게 대처하는 능력을 말하죠. 자제력과 마음의 평정을 잃지 않고 어떤 상황이나 환경에서든 적응합니다. 쉽지 않겠지만 남에게 호감을 주는 성품을 원한다면 고무줄 같은 사람이 되어야 해요. 누군가 잘못된 방향으로 당겨도 얼른 제자리로 돌아올 수 있어야 합니다.

미국이 낳은 위인들을 한번 살펴보세요. 그들에 관한 기록을 보면 융통성 많은 사람이 제일 크게 성공했습니다. 백악관에서도 마찬가지입니다. 저는 시어도어 루스벨트 대통령부터 현재 대통령에 이르기까지 모든 분과 알고 지냈습니다. 행정부에 들어가 가까이에서 모신 대통령만 두 분이에요. 그 덕에 전 세계에서 가장 강력한 권력을 관리하는 데 융통성이 얼마나 중요한지 지켜볼 수 있었습니다.

허버트 후버도 융통성을 발휘해 상황에 유연하게 적응했더라면 훌륭한 대통령으로 역사에 길이 남았을 겁니다. 사실 알고 보면 아주 훌륭한 대통령이었어요. 상황에 맞춰 굽히지 못했기 때문에 국민의 지지를 잃은 거죠. 후

버 대통령의 꽉 막힌 대처는 대공황을 불러왔습니다.

융통성은 외향적인 사람의 특징입니다. 사람에게 관심이 많고 자유롭게 스스로를 표현하는 사람 있잖아요. 내향적인 사람이 융통성 있다는 말은 들어본 적 없습니다. 내향적인 사람은 오직 자기만의 관심사에 집중하고 남에게는 별로 관심을 보이지 않아요. 반면 융통성 있는 사람은 항상 감정을 자유자재로 통제합니다.

호감을 주는 성품의 세 번째 요소는 듣기 좋은 목소리입니다. 기복 없고 세련된 목소리로 좋은 느낌을 전달할 수 있어야 해요. 잘못을 따지는 듯한 날카로운 비음은 없어야 합니다. 하고 싶은 말을 전달할 방법은 매우 많습니다. 짧은 예시를 하나 들어볼게요. 이걸 들으면 말의 내용보다는 말을 하는 방식이 중요하다는 데 다들 동의하실 겁니다.

이 세상에서 가장 의미 있고 자주 쓰이는 말은 다섯 글자로 이루어져 있습니다. 지금부터 그 말을 세 가지 방식으로 말하며 목소리 톤과 듣기 좋은 목소리가 얼마나 중요한지 보여드리겠습니다. 그 말은 바로 "사랑해, 자기"예요. "사랑해, 자기"라고 속사포처럼 말하면 연인이나 배우자는 이렇게 받아들입니다. '빨리 준비해. 더는 못 기다리겠어. 빨리 나가자고.' 지나치게 큰 목소리로 연극을 하듯 "사랑해, 자기"라고 말하면 장난이라고 생각합니다. 아무 의미 없는 말로 치부할 거예요. 하지만 천천히, 다정하게 "사랑해, 자기"라고 해보세요. 아주 다른 의미로 들리지 않겠어요? 목소리 톤은 말에 담기지 않은 다른 의미를 상대에게 전달합니다. 그렇게 생각하지 않으세요?

일이나 사업을 하면서 다른 사람을 상대해야 할 때가 있지요. 예를 들어 의사처럼 말이에요. 의사에게는 약과 의술, 치료법은 모두 중요합니다. 하지만 여러분, 의사가 환자 앞에서 하는 말은 그보다 두 배는 더 중요해요. 의사는 다 괜찮아질 거라고, 병을 이겨낼 거라고 생각한다는 느낌을 환자에게 전달해야 합니다. 같은 말이라도 화법에 따라 환자에게 희망을 줄 수도, 죽을지도 모른다는 두려움을 줄 수도 있어요.

목소리 톤입니다. 목소리 톤을 연구하세요. 목소리를 녹음해서 계속 반복 재생합니다. 제가 아까 예로 들었던 "사랑해, 자기" 같은 문장을 이용해보세요. 아내에게 그말은 몇 번을 해도 부족하지 않죠. 반복하면서 아내가 가장 좋아하는 말투를 찾습니다. 목소리 톤을 조절하면 놀라운 효과가 나타나요.

개인적으로 저는 공립학교 시스템에 큰 문제가 있다고 생각합니다. 공립학교 출신 중에 글을 똑바로 소리 내어 읽는 법을 아는 사람이 거의 없어요. 모든 학교는 아이들에게 필수적으로 라디오 아나운싱 교육을 해야 합니다. 물론 목소리 톤을 적절하게 사용하고 글을 소리 내어 제대로 읽는 방법을 이해하는 사람도 있죠. 이런 사람은 타인에게 엄청난 호감을 줍니다. 어떻게 말할지, 어떻게 단어를 강조할지, 어떻게 원하는 감정을 전달하는 목소리 톤을 낼지 알아내세요.

호감을 주는 성품의 네 번째 요소는 너그러운 마음입니다. 열린 마음이요. 모든 사람과 주제에 마음이 열려 있는 거죠. 누군가 이런 말을 했습니다. 닫힌 마음은 익어버린 열매와 같다고요. 익은 열매는 떨어져 썩기 마련이죠. 하지만 익지 않은 열매는 계속 자랄 수 있습니다. 저는 사람이 익지 않은 채로 마음을 열어두고 계속 성장해야 한다고 생각해요. 어떤 주제든 모든 사실을 안다고 진정으로 말할 수 있는 사람이 이 세상에 있을까요? 마음을 열어두면 언제고 새로운 사실을 배울 수 있습니다. 하지만 주위를 둘러보세요. 오래전부터 마음의 문을 굳게 닫아놓고 사는 사람들이 많습니다. 지금쯤 닫힌 문은 녹슬어 다시는 열리지도 않을 거예요. 여러분 이야기는 아닙니다. 여러분은 그런 부류가 아니죠. 만약 그렇다면 달라지셔야 합니다.

호감을 주는 성품의 다섯 번째 요소는 뛰어난 유머감 각입니다. 여러분, 유머감각이 없는 삶은 엘리베이터 운 전원의 삶이나 다름없습니다. 그냥 올라갔다 내려갔다를 반복할 뿐이에요. 올라가면 반드시 내려오기 마련입니 다. 웃는 법을 배우세요. 어떤 상황에서든 재미있는 면을 발견해야 합니다. 좋은 쪽을 보고, 여러분 자신이나 일을 너무 심각하게 생각하지 마세요. 긴장을 풀고 유머가 넘 치는 사람이 됩시다.

여섯 번째 요소는 솔직한 말과 태도입니다. 하지만 말 하기 전에 생각하는 습관을 들여야 해요. 솔직하되 항상 입조심을 해야 합니다. 많은 사람이 먼저 말을 하고 나중 에 생각해요. 이후에라도 생각하면 다행이게요. 대부분은 그냥 말만 뱉고 맙니다. 입조심을 하고 말을 고르는 과정 은 아주 중요해요. 모든 사람이 말을 고르고 조심해서 유 익한 말만 한다면 얼마나 멋질까요? 나쁜 말은 하지 마세 요. 남에게 상처와 고통을 줄 수 있는 말은 하지 말아야 합니다.

여러분, 제가 생각했을 때 이 시대 정치계의 적폐 중 하나는 자신의 장점과 성과를 내세우기보다는 상대방을 헐뜯고 깎아내리는 선거운동입니다. 말과 태도가 솔직해 야 하죠. 하지만 항상 입조심을 해야 합니다. 몇 번이고 강조하지만 할 말, 안 할 말을 잘 가려야 해요. 좋은 말이 아니라면 차라리 입을 다물기를 바랍니다.

호감 주는 성품의 일곱 번째 요소는 밝은 표정입니다. 대화를 시작하면 상대를 공격하는 것 같은 표정은 짓지 마세요. 내키지 않아도 미소를 지으면 메시지를 더 부드럽게 전할 수 있습니다. 웃음이라는 건 참 신기해요. 그럴 기분이 아니어도 웃으면 어느새 웃을 기분이 생기거든요. 몸의 화학작용이 바뀝니다. 웃기만 해도요. 이 세상에 그것만큼 훌륭한 게 또 있을까요? 예전에 욕실에서 큰 소리로 웃는 연습을 한 적 있습니다. 아주 크게 웃지는 않았어요. 남에게 웃음소리를 들려주고 싶지는 않았습니다. 하지만 당시의 저는 제 자신과 일을 너무 심각하게 생각하고 있었습니다. 조금이라도 무게를 더는 연습이 필요했던 거죠.

호감 주는 성품의 여덟 번째 요소는 모든 사람을 공평하게 대하는 태도입니다. 내게 아무 이득이 없어 보이는 상황이라도 모든 사람에게 공평해야 해요. 공평한 마음을 길러야 합니다. 여러분, 혹시 이런 생각 해보셨나요? 솔직함에는 서너 가지 종류가 있습니다. 감옥에 가고 싶지 않아서 내보이는 솔직함이 있어요. 나쁜 평판을 받고 싶지 않을 때 내보이는 솔직함도 있습니다. 하지만 제가 생각하는 최고의 솔직함은 따로 있어요. 결과가 어떻든 그 자체로 마음과 영혼의 내면에 이롭기 때문에 내보이는 솔직함 말입니다. 이건 정말로 도움이 돼요. 모든 것에 솔직한 태도를 선천적이고도 계획적으로 지니고 있다고 생각하면 마음과 정신과 영혼이 강해집니다. 자신이 그런 사람인지, 아닌지 판단하려 할 때도 꼭 솔직해야 합니다.

호감을 주는 성품의 아홉 번째 요소는 모든 사람을 진정성 있게 대하는 태도입니다. 위선은 실패의 원인이라는 사실을 잊지 마세요. 진심을 다해야 합니다. 말하는 사람이 부적절한 제스처를 사용해도 저는 개의치 않습니다. 자세가 나쁘면 뭐 어때요. 영어 실력이 완벽하지 않아도 상관없습니다. 진심으로 메시지를 전달하기만 했다면 그 사람의 결점은 중요하지 않습니다. 대중을 상대로 연설이나 이야기를 하는 사람이라면 호감을 사기 위해 목소리 톤과 마음가짐을 고치고 말에 진정성을 담아야 합니다.

호감을 주는 성품의 열 번째 요인은 박학다식입니다. 내게 직접적인 이익을 주지 않는 사람이나 사건에 대해서도 광범위한 지식을 쌓으세요. 한 가지 분야는 잘 알면서 그 밖의 문제에는 하나도 관심 없는 사람을 만날 때면 그렇게 딱할 수가 없더라고요. 사무실에 앉아 회계 같은 일을 하는 사람은 숫자 계산에 능숙합니다. 하지만 다른 일에는 무관심한 편이에요. 보통 그런 사람에게는 호감이 가지 않습니다. 법조계에 종사하는 사람도 마찬가지입니다. 법에 대해서는 모르는 게 없지만 전문 분야 외에는 알려고 하지 않죠. 그런 사람은 박학다식하다고 할 수 없어요.

저는 전 세계에서 벌어지는 일을 조금씩이라도 알아보려고 노력합니다. 라디오, 텔레비전, 잡지, 책을 통해 전 세계의 정보를 모으고 있어요. 항상 다방면에 지식을 쌓아야 한다는 생각에 매일 일정 시간을 할애합니다. 연구를 하며 성공 철학을 정립하던 시기에는 모든 학문을 탐구했습니다. 특정 학문의 전문가는 못 되지만 전부 피상적으로나마 알고 있어요. 그래서 대화를 하다가 어떤 학문 얘기가 나오면 상대가 무슨 말을 하는지 정도는 이해할 수 있습니다.

호감을 주는 성품의 열한 번째 요소는 눈치 빠른 말과 태도입니다. 다시 강조하지만 설령 사실이어도 생각을 다 표현하면 안 됩니다. 이건 제 아내의 경험담인데, 어떤 친구가 자기 친구의 새 원피스를 묘사하며 색깔이 얼마나 흉한지 아느냐고 이야기하더랍니다. "세상에, 그렇게 바보 같고 촌스럽고 천박한 물건은 생전 처음 봤어." 그러고는 비슷한 옷을 입고 곁에 서 있는 여자의 소매를 쥐고 이렇게 말했다고 합니다. "얘, 이것보다 더 심했다니까, 이거 봐." 얼마나 눈치 없는 사람인지 아시겠죠. 말할 때 눈치는 중요합니다. 타인의 감정이 상할 만한 말은 굳이 표현하지 않아도 되잖아요. 생각은 자유지만 다른 사람에게 상처 주는 말은 할 필요가 없습니다.

열두 번째 요소는 빠른 결정입니다. 꾸물대는 사람은 절대 성공하지 못해요. 다른 사람에게 호감을 줄 수도 없습니다. 저는 약속 시간을 엄수하지 않는 사람을 좋아하지 않습니다. 제시간에 나타나야 좋죠. 인기 없는 사람이 되고 싶다면 언제나 습관처럼 지각을 하세요. 그러면 조만간 다른 부분에서도 평판이 떨어질 겁니다. 꾸물대지 않고 빠르게 결정해야 합니다. 약속을 철저히 지키고 할 일이 있으면 미루지 말고 빨리 처리하세요.

호감을 주는 성품의 열세 번째 요소는 무한한 지성에 대한 믿음입니다. 눈에 보이는 세상과 주변 세계, 자연법칙의 질서를 관찰하면서 그런 믿음을 키워야 합니다. 지금 같은 계몽의 시대에 신이나 무한한 지성의 존재를 인식하지 못하는 사람은 모두에게 호감을 주지 못합니다. 그건 호감을 주는 사람이 되기 위한 필수 요소예요. 굳이 설명하고 다닐 필요는 없습니다. 무한한 지성을 믿는다고 어깨에 표식을 매달고 동네방네 광고하지 않아도 돼요. 하지만 자연법칙에 적응하고 그에 맞춰 인생을 살아감으로써 무한한 지성에 대한 믿음을 표현해야 합니다. 그건 다른 사람의 호감을 사는 데도, 어려움 없이 인생을 헤쳐 나가는 데도 도움이 됩니다.

호감을 주는 성품의 열네 번째 요소는 적절한 단어의 사용입니다. 욕설, 비속어를 쓰지 않고 비꼬는 말을 하지 않는 거예요. 요즘 세대는 남을 웃기고 주목을 받으려고 유행처럼 비꼬는 말이나 말장난을 하더군요. 재미있을 때도 있지만 습관이 되면 좋게 보이지 않습니다. 영어는 아름다운 언어입니다. 표현이 풍부하죠. 유창하게 익히기 어렵지만, 단어를 제대로 사용하면 말장난, 비꼬는 말, 욕설을 섞을 때보다 더 효과적으로 메시지를 전달할 수 있습니다.

호감을 주는 성품의 열다섯 번째 요소는 절제된 열정입니다. 자유자재로 열정의 불을 켰다가 끌 수 있는 능력을 말해요. 대화에 대한 열정은 특별히 더 갈고닦아야 합니다. 열정은 수동적일 수도 능동적일 수도 있습니다. 내면에서 느껴지는 수동적인 열정은 행동력과 결단력을 주고 상상을 현실로 만들어줍니다. 그러면서도 말이 많다거나 때와 맞지 않는 말을 했다는 이유로 타인과 갈등을 빚지 않지요. 열정은 성공을 부르는 열일곱 가지 원칙 중 하나로, 저는 절제된 열정이라고 부릅니다. 대화 상대의 관심을 불러일으키고 싶을 때 전원을 켰다가 상대가 지루해지기 전에 다시 전원을 끌 수 있어요.

무엇이 호감 가는 성품을 만드는가

앞에서 호감을 주는 성품의 주요 요소 스물다섯 가지 중에서 열다섯 가지를 알아보았죠. 지금부터는 나머지 열 가지를 소개하고, 상대에게 호감을 주고 싶다면 하지 말아야 할 열다섯 가지 행동에 대해서도 알려드리겠습니다.

열여섯 번째 요소는 확실하고 깨끗한 스포츠맨십입니다. 패배를 인정하지 못하는 사람을 좋아하는 사람은 아무도 없어요. 앨 스미스 대통령 후보가 1928년 대선에서 패배에 말끔하게 승복하고 씩씩거리며 다니지 않았더라면 다음에는 기회를 잡고 미국 대통령이 되었을지도 모릅니다. 졌으면 깨끗이 승복하세요. 구질구질한 패배자는 누구의 호감도 사지 못합니다. 지고 나서 대놓고 화를 내거나 억울함을 토로해서 이득을 봤다는 사람은 이 세상에 없습니다. 다들 살면서 한 번쯤은 패배를 경험하지 않습니까? 졌으면 패배에 승복해야 한다는 깨달음을 얻지 않았나요? 패배를 인정하면 다시 일어설 기회가 생깁니다. 그렇지 않은 사람에게는 그런 기회가 좀처럼 오지 않아요.

호감 주는 성품의 열일곱 번째 요소는 평범한 예의입니다. 그냥 평범하게 일상에서 쉽게 접하는 예의 있잖아요. 말과 마음가짐에 예의를 갖춰야 합니다. 예의와 무례 중 하나를 선택해야 하는 상황은 거의 온종일 지속됩니다. 기회를 흘려보내지 마세요. 언제나 예의를 표현합시다.

열여덟 번째로 알아볼 호감을 주는 요소는 적절한 액세서리입니다. 액세서리는 일과 모임의 성격에 어울려야 해요. 적절한 액세서리의 효과는 굉장합니다. 가급적 직장 분위기나 현재 하고 있는 일에 적합한 액세서리를 착용하세요.

저희 집에 오시면 제가 작업복이나 반팔셔츠 차림일 때도 있을 겁니다. 어떤 날에는 셔츠를 아예 안 입고 있을지도 몰라요. 저는 그런 차림으로 정원에서 일광욕이나 운동을 하며 여유를 만끽하곤 합니다. 하지만 그러고

211

서 단상에 올라가 강연을 한다면 특이한 사람으로 낙인이 찍히겠죠. 더한 말을 들을 수도 있고요. 그러니 적절한 복장에 대한 일률적인 규칙은 없습니다. 현재 하는 일과 상황에 따라 그때그때 달라지는 거예요.

호감을 주는 성품의 열아홉 번째 요소는 훌륭한 쇼맨십입니다. 그러려면 적절한 때에 자신에게 관심을 끌어올 말이나 행동을 할 수 있어야죠. 남의 관심을 끌 수 있는 방법은 많습니다. 제가 중심가로 나가 도로 한복판에서 물구나무서기로 차를 막아 세우고 교통법규 위반 딱지를 떼인다면 시선을 한 몸에 받겠죠? 하지만 제게 이로운 관심은 아닐 겁니다.

관심을 끄는 방법에는 여러 가지 있어요. 일부 강연자처럼 특이한 액세서리를 할 수도 있습니다. 어깨까지 머리를 길러서 똑똑한 지성이 머리카락을 쏟아낸 것처럼 보이도록 할 수도 있어요. 하지만 그런 행동이 제게 무슨 도움이 되겠습니까. 도움이 안 되죠. 쇼맨십이기는 하지만 좋은 쇼맨십은 아닙니다. 훌륭한 쇼맨십을 발휘하고 싶다면 관심을 얻고자 하는 구체적인 대상 앞에서 주목을 받을 나만의 방법을 찾아야 합니다. 상대는 이웃, 사업 파트너, 고객, 환자 등 누구든 될 수 있습니다.

호감을 주는 성품의 스무 번째 요소는 특별히 더 노력

하는 습관입니다. 한두 번 그러는 것은 해당되지 않아요. 아주 중요한 원칙이기 때문에 습관으로 만들고 단 하루도 거르지 않게 생활화해야 합니다. 한동안 만나거나 대화한 적 없는 사람에게 전화를 거는 것처럼 단순한 일이라도 괜찮아요. 잘 지내냐고 안부를 묻고 건강하고 행복하게 살기를 바란다는 마음을 전해보세요. 매일 그런 전화 한두 통 하는 일은 어렵지 않고 돈이 많이 들지도 않습니다.

제가 의사라면 저는 그동안 진료한 모든 환자에게 틈틈이 연락해 안부를 물을 거예요. 잠깐은 비용이 조금 나가겠지만 언젠가는 보답으로 돌아올 겁니다. 병이 나았다고 해서 그 환자에게서 관심을 거두지 않았다는 사실을 보여주세요. 심지어 좋은 의사를 만난 덕에 그렇게 빠르게 건강을 되찾은 거라고 축하해줄 수도 있습니다.

호감을 주는 성품의 스물한 번째 요소는 절제입니다. 적당히 먹고 마셔야 합니다. 일, 여가, 생각도 적당한 수준에서 멈추세요. 뭐든 적당해야 해요. 마시고 싶으면 칵테일을 마실 수 있죠. 부적절한 때 너무 많이 마시지만 않으면 괜찮습니다. 지나치지 않으면 담배 몇 대를 피워도 괜찮아요. 과식만 하지 않으면 양질의 식사를 해도 됩니다. 과식도 지나친 음주나 흡연처럼 해로울 수 있어요.

타인의 호감을 사려면 모든 면에서 절제를 하는 균형 잡힌 삶을 살아야 합니다. 여러분, 제가 이 나이에도 항상 열정이 넘치고 건강한 이유는 무엇일까요? 절제된 생활로 삶의 균형을 유지하고 있기 때문입니다. 지나치지 않고, 그렇다고 부족하지도 않아요. 모든 것이 적당합니다. 제게 적당한 것이 여러분에게는 부족하거나 넘칠지도 모르죠. 각자 자신의 삶을 돌아보고 자신에게 가장 적당한 기준을 찾아야 합니다.

스물두 번째 요소는 어떤 상황에서든 발휘하는 인내심입니다. 인내하고 다른 사람을 이해하는 거예요. 인내심이란 다른 사람이 내게 원하는 방식대로 살지 않아도 그럴 만한 이유가 있다고 인정하려는 마음을 의미합니다. 상대가 나만큼 인생을 잘 모르는 것 같아도 참으세요. 고속도로에서 여러분보다 운전을 못하는 것 같은 운전자를 봐도 참습니다. 저는 자기만큼 운전을 잘하는 사람이 있다고 생각하는 사람을 지금까지 한 명도 못 봤어요. 인내심과 이해심은 호감 가는 사람의 가장 큰 덕목 두 가지입니다. 의견이 다르다고 다른 사람을 비난하지 마세요. 아이를 키우고 노인을 모시려면 인내심이 필요합니다. 상대를 이해해야 해요. 우리는 그리 어렵지 않게 모든 상황과 사람에 인내심을 발휘할 수 있습니다.

젊은 친구들은, 아니 누구든 새로 일을 시작하는 사람은 인내심이 강해야 합니다. 왜냐하면 시작할 때는 위에 있지 않기 때문이죠. 만약 위에서 시작한대도 좋을 게 하나도 없습니다. 이동할 수 있는 방향이 하나뿐이기 때문이에요. 아래에서 시작할 경우, 인내심을 갖고 특별히 더 노력하며 바른 길을 걷는다면 언젠가 꼭대기에 다다를 겁니다.

호감을 주는 성품의 스물세 번째 요소는 품위 있는 자세와 동작입니다. 어슬렁어슬렁 돌아다니고 자세도 흐트러진 사람은 별로예요. 걸을 때의 동작과 앉거나 설 때의 자세가 우아할수록 좋습니다. 배우처럼 세심하게 계획된 자세를 취할 필요는 없지만 최소한 품위 있게 움직이려는 노력은 할 수 있잖아요.

호감을 주는 성품의 스물네 번째 요소는 존중을 바탕으로 한 겸손한 마음입니다. 겸손한 마음이라는 거 정말 대단하지 않나요? 여러분, 제가 초창기에 인정을 받지 못하고 유명해지지 못한 이유는 그때는 지금처럼 명성을 견디지 못했을 것이기 때문입니다. 저는 겸손한 마음을 키워야 했어요. 30년 전에 이미 전 세계 3분의 2에 해당하는 6500만 명의 인정을 받았더라면 저는 그리 호감 가는 사람이 되지 못했을 겁니다. 겸손한 마음을 갖춘 후에야 지금처럼 인정받고 유명해졌으니 얼마나 다행입니까. 지금은 돈이나 칭찬, 박수갈채를 많이 받았다고 해서 건방진 태도를 보이지 않습니다. 겸손한 마음을 갖고 있기 때문입니다.

스물다섯 번째 요소는 개인이 타고난 매력입니다. 이것만큼은 후천적으로 키울 수 없는 특징이에요. 하지만 매력을 내게 이로운 방향으로 조절하고 길들일 수는 있습니다. 이 점은 확실하게 말해야겠네요. 지금 제가 말하는 개인적인 매력은 주로 성적 매력입니다. 성욕이라는 위대하고 창조적이고 건설적인 욕구 덕분에 이 세상은 성장하고 발전할 수 있었어요.

여기서는 사람의 성품에 대해 이야기하고 있지만 혹시 그런 생각 해보셨는지요? 집과 상점, 사무실, 사업장, 거리, 마을, 도시에도 남다른 고유의 특성이 있습니다. 뉴욕시 5번가를 걸으면 5번가만의 특성이 느껴집니다. 그곳만의 호화로운 느낌이 있죠. 주머니에 돈이 얼마 없어도 가난하다는 느낌이 들지 않습니다. 5번가에 있는 고급 상점의 단골손님들과 한데 부대끼는 그 순간만큼은 부유하지는 않아도 가난하지도 않다는 느낌이 몸을 감쌉니다. 거기서 허드슨강 쪽으로 다섯 블록을 걸으면 헬스키친 (Hell's Kitchen, 뉴욕 맨해튼의 우범 지구-옮긴이)이 나옵니다. 절망과 가난에 빠진 사람들이 생활하고 생각하고 존재하는 곳이죠. 누구든 그곳에 10분 이상 머물면 비명을 지르고 싶은 심정이 됩니다. 그곳에서 뿜어져 나오는 부정적인 기운 때문에요.

사람의 두뇌는 송신국이자 수신국입니다. 여러분의 마음가짐은 끊임없이 타인에게 방송되고 있어요. 긍정적인 마음가짐을 유지하는 법을 배우지 않으면 상대는 눈치를 채고 여러분에게 부정적인 감정을 돌려보낼 것입니다. 정말 놀랍고 중요한 사실이니 꼭 알아두시면 좋겠습니다.

한번은 제가 시카고에서 운영하던 영업사원 양성학교에 한 남자가 등록하러 왔습니다. "힐 선생님, 영업사원이 되고 싶어서 1500킬로미터 떨어진 곳에서 왔습니다. 당장 오늘부터 영업을 잘하는 법을 가르쳐주세요. 영업일을 하고 싶습니다." 남자의 이야기는 끊이지 않았습니다. 제게도 말을 하라고 했지만 혼자 계속 떠들었어요. 거의 한 시간 동안 이야기를 했습니다. 그동안 저는 그 사람에게 대꾸를 했죠. 말이 아니라 생각으로요. 이야기를 마친 그는 자리에서 일어나 저와 악수를 하고 이렇게 말했습니다. "이곳 과정이 딱 제가 찾던 거였어요. 영업에 관해 좋은 말씀 해주셔서 감사합니다. 입학신청서를 주

217

시면 등록하겠습니다." 저는 입을 열지도 않았습니다. 하지만 그에게 아주 분명하게 생각을 전달하고 있었어요. 여러분은 이처럼 원하는 상대에게 생각을 보내는 기술을 배워야 합니다. 이때 그 생각은 상대에게 유익하고 건설적이어야 해요. 그러면 상대의 생각과 행동도 여러분에게 우호적으로 돌아오게 되어 있습니다.

우수한 영업사원은 영업을 하러 나갔을 때 말보다 생각을 먼저 보냅니다. 잠재 고객과 실제로 접촉하기도 전에 미리 움직여 그의 마음을 길들여요. 모든 영업의 고수는 그런 식으로 일을 합니다. 그렇게 하지 않으면 영업의 고수가 될 수 없죠. 그냥 주문을 받는 사람일 뿐, 우수한 영업사원이라 할 수는 없습니다.

타인에게 호감을 주는 사람의 사례를 몇 가지 살펴보겠습니다. 찰스 M. 슈와브에 대해서는 앞서 이야기했죠. 슈와브 회장은 교육을 많이 받지는 못했지만 아주 매력적인 사람이었습니다. 다른 사람과 이야기할 때 의식적으로 개인적인 매력을 발산할 수 있었어요. 슈와브 회장의 성품을 알아본 카네기 회장은 지능과 기술만 보고 채용했을 당시보다 차후 열 배가 넘는 보수를 제공했습니다.

프랭클린 D. 루스벨트도 매력이 대단했어요. 라디오

하나만으로도 100만 달러 가치의 매력을 뽐냈지요. 대통령으로 네 번이나 연임을 할 정도였어요. 그건 미국에서 전무후무한 일입니다. 루스벨트 대통령이 네 번이나 대통령으로 선출된 이유의 90퍼센트는 매력이라고 생각합니다. 앞의 스물다섯 가지 요인을 기준으로 여러분이 기억하는 루스벨트 대통령의 점수를 매겨보세요. 모든 항목에서 거의 만점이 나올 겁니다. 루스벨트 대통령은 목소리 톤도 자유자재로 조절할 줄 알았습니다.

케이트 스미스Kate Smith는 또 어떤가요. 케이트는 강한 마음가짐으로 미국 대통령보다도 더 많은 돈을 벌어들였습니다. 케이트는 위대한 오페라 가수들처럼 진정한 의미의 가수는 아닙니다. 라디오와 텔레비전으로 인기를 끈 대중 가수죠. 저는 케이트를 달콤한 노래꾼이라 부르고 싶어요. 달콤하고 사랑스러운 노래꾼이죠. 하지만 그런 말로는 그를 다 묘사할 수 없을 것 같네요. 케이트의 몸은 푸근합니다. 성격은 사랑스럽고 목소리는 아름다워요. 좋아하지 않는 노래도 케이트가 부르면 좋아하게 됩니다. 그것보다 중요한 게 인생에 어디 있겠어요.

무슨 말을 하려고 할 때 상대가 그 '말'을 좋아하지 않을 것 같다면 최소한 말을 하는 '사람'이라도 좋아하게 해보세요. 밀가루를 팔던 파피 오대니얼Pappy O'Daniel이라는 사람이 있었습니다. 그는 악기를 들고 가족과 함께 텍사스주를 돌며 홍보를 했습니다. 라디오에서 노래를 부르고 나중에는 텍사스주의 주지사가, 더 나아가서 미국 상원의원이 되었습니다. 오대니얼이 두 번의 선거에서 자신을 뽑아달라고 어필할 수 있었던 가장 큰 이유는 매력이었습니다. 매력을 자유자재로 표현하는 능력, 그가 하는 말을 상대방이 좋아하든 싫어하든 매력을 계속 발산하는 능력이 그의 큰 재산이었습니다.

월 로저스Will Rogers는 유머로 부자가 되고 미국인의 사랑까지 한 몸에 받은 인물입니다. 이 역시 엄청난 매력이 있기에 가능한 일이었어요.

호감을 얻기 위해 피해야 할 행동 열다섯 가지

지금부터는 호감을 주는 성품을 기르고 싶다면 하지 말아야 행동으로 넘어가보겠습니다. 해야 할 일을 배웠으면 그 반대도 알아봐야죠. 이른바 금기 사항은 열다섯 가지입니다. 첫 번째는 남의 말을 끊는 습관이에요. 이건 절대 하지 말아야 할 행동입니다. 호감 가는 성품을 길러 인기를 얻고 싶으신가요? 그렇다면 대뜸 말을 가로채지 말고 상대가 말을 끝낼 때까지 기다려야 합니다. 이 책을 읽고 계시는 분들 중 대화를 독점하고 다른 사람에게 말할 기회를 주지 않는 지인 대여섯 명을 꼽지 못하는 분은 없을 거예요. 인기를 얻고 싶으면 경청하는 기술을 익혀야 합니다. 그리고 남의 말을 듣고 있으면 언제나 배울 점이 생겨요. 말만 해서는 아무것도 배우지 못합니다. 오직 이미 알고 있는 사실을 말하고 들을 뿐이니까요.

두 번째 금기 사항은 이기심이 드러나는 말이나 행동입니다. 내면에 이기적인 마음이 있을 수는 있어요. 만약 그렇다면 어서 빨리 물리치세요. 겉으로 표현하는 것은 금물입니다.

세 번째로, 빈정거리는 말이나 행동을 하면 안 됩니다. 말 또는 행동이 아니라 표정으로 빈정거림을 나타낼 수도 있죠. 못마땅한 대상에게 분풀이를 하고 빈정거리는 표현을 하면 당장은 후련할지언정 결코 인기를 얻지는 못합니다.

네 번째 금기 사항은 과장된 말입니다. 진실을 과장하는 것보다는 축소하는 편이 더 나아요. 최대한 보수적으로 말해야 합니다. 사람들이 옳다고 생각하는 말에서 한 발이라도 더 나갔다가는 모든 말이 거짓으로 들릴 위험이 있습니다.

다섯 번째는 자화자찬으로 자만심을 표현하거나 암시하는 행위입니다. 그건 안 돼요. 절대 하지 말아야 합니다. 직접적인 말이든 행동이든 자화자찬은 금지예요.

여섯 번째 금기 사항은 다른 사람에 대한 무관심입니다. 정말 인기 있는 사람이 되고 싶다면 남들의 관심사를 알아내고 그 주제로 대화를 이끌어내야 합니다. 그러면서 말을 잘 들어주고요. 여러분, 다른 사람의 말에 귀를 기울이고 관심을 보인다면 방금 얘기한 다른 규칙들은 다 무시해도 그럭저럭 호감을 얻을 수 있습니다.

백악관에 처음 방문한 날은 죽을 때까지 잊지 못할 거예요. 시어도어 루스벨트 대통령 시절이었죠. 루스벨트 대통령은 풋내기인 저를 집무실로 초대해 크고 멋진 의자를 내줬습니다. 쿠션이 두툼한 그 의자는 대통령 의자 바로 옆에 있었어요. 루스벨트 대통령은 몸을 돌려 저와 마주하고는 제 어깨를 두드렸습니다. 그리고 제가 미국 대통령만큼이나 중요한 사람인 양 저를 대하며 말을 걸었습니다. 그렇지 않다는 사실을 잠시 잊을 정도였어요. 그 기억을 어떻게 잊을까요? 이후 대단한 위인들을 만나 연구를 하면서 저는 공통점을 한 가지 발견했습니다. 대화 상대를 편안하게 해주는 비상한 능력이요. 성공한 사람은 절대 남에게 무관심하지 않습니다. 상대의 말을 귀담아들을 줄 알아요.

다음으로, 일곱 번째 금기는 질투심을 표현하거나 암시하는 행동입니다. 그렇게 하지 마세요. 다른 사람에게 질투를 느끼는 사람, 자기보다 더 성공한 주변 사람이나 이웃에 질투를 하는 사람은 평판이 좋게 날 수가 없습니다. 절대 호감을 살 수 없어요. 질투는 감사하는 마음으로 바꿔야 합니다. 내가 원하는 무언가를 가진 사람을 봤다면 그 사람이 가진 것에 마음으로 감사함을 표현하세요. 언젠가는 그를 따라잡아 여러분도 원하는 것을 손에 넣을 수 있기를 기도합니다. 하지만 질투는 안 돼요.

여덟 번째는 상황에 어울리지 않는 아첨입니다. 오해와 무시를 받고 싶다면 모를까, 상대가 지나치다고 생각할 수준까지 아첨을 하면 안 됩니다. 상대는 금세 의도를 의심하기 시작할 거예요. 저는 일을 하면서 온갖 사람을 만나봤습니다. 학생들은 제가 세상에 내놓은 연구 결과에 아낌없는 찬사를 보냈습니다. 칭찬과 인정을 하면서 적정선을 지키는 사려 깊은 학생이 대부분이었지만 적당한 때 멈추지 않고 선을 넘는 학생도 극소수 있었어요. 칭찬이 지나치면 상대는 의심을 키우고 마음의 문을 닫아버립니다. 칭찬에 불순한 의도가 있다고 생각하죠. 보통은 근거가 있는 의심입니다.

한 자기계발서 작가는 다른 사람을 칭찬해야 성공할 수 있다고 주장했습니다. 이건 유서 깊은 방법이기는 하지만 가장 위험한 방법이기도 해요. 상대가 하지 않은 일을 칭찬하고 과하게 추켜세우는 행동은 삼가야 합니다.

아홉 번째는 점잖지 않은 말투입니다. 문법을 완벽하게 구사할 필요는 없지만 최소한 말을 논리적으로 정확히 할 줄은 알아야죠. 공인이 되어 주기적으로 대중 앞에 나설 생각이라면 특히 더 주의해야 합니다.

열 번째는 대화를 독점하고 상대에게 말할 기회를 주지 않는 습관입니다. 이야기를 재미있게 잘하고 흥미로운 대화 소재가 많을 수는 있죠. 하지만 멈춰야 할 때를 모르고 상대에게 의견을 낼 기회를 주지 않는다면 상대가 어떤 사람인지 파악하지 못합니다. 내 말에 어떤 반응을 보이는지 알 수 없어요. 유능한 영업사원은 자신의 말이 상대에게 어떤 효과를 불러일으키는지 매번 확인합니다. 무능한 영업사원은 할 말을 외우고 녹화 테이프를 튼 듯이 외운 말만 쏟아내고요. 듣는 사람이 어떤 반응을 하는지 말을 멈추고 보지 않습니다.

호감을 사고 싶다면 상대가 내 말을 관심 있게 듣는지 꼭 확인하세요. 예를 들어, 강연자가 되고 싶으신가요? 청중의 반응을 확인하지 않는 강연자는 절대 성공하지 못합니다. 여러분의 말이 잘 전달되는지, 그렇지 않은지 즉각 확인해야 해요. 메시지가 제대로 전달되지 않는다면 말하는 방식을 바꿔야겠죠.

저도 강연을 하다가 흐름을 서너 번 바꿔야 했던 때가 있었습니다. 조지아주 애틀랜타에서 간호사들을 상대로 놀라운 습관의 힘에 대해 강연을 할 때였어요. 10분쯤 이야기를 하는데 청중이 강연의 핵심을 이해하기는커녕 그 근처에도 가지 못하는 겁니다. 저는 그 자리에서 하던 말을 끊고 이렇게 말했습니다. "여러분, 질문을 하나 할게요. 저와 여러분 중에 누가 문제인지 알아봅시다. 둘 중 하나는 잘못하고 있는 게 확실해요. 왜냐하면 지금 여러분이 제 얘기에 눈곱만큼도 관심이 없어 보인단 말이죠." 그 말에 딱딱했던 분위기가 풀렸고 저는 힘든 직업에 종사하며 성공하는 방법으로 강연의 주제를 바꿨습니다. 그제야 사람들이 관심을 보이더군요. 정말로 집중하기 시작했어요.

열한 번째 금기 사항은 우월감 표출입니다. 여러분이 남들보다 잘난 사람일 수는 있어요. 주변 사람보다 우월할 수도 있습니다. 하지만 그걸 표현한다면 예의가 아니에요. 매너에도 어긋나는 일입니다. 상대가 누구든 우월감을 표출하는 행위는 일이나 인간관계에도 도움이 되지 않아요. 아무리 점잖은 사람도 옆에서 잘났다고 속을 뒤집는 말은 좋아하지 않습니다.

열두 번째는 불성실한 평소 태도, 열세 번째는 천박하게 남을 험담하기 위해 대화를 유도하는 습관입니다. 누가 그런 짓을 했다거나 현재 하고 있다는 말을 들어보셨는지요? 만약 그렇다면 지금 그 사람과 친구로 지낼 리는 없겠죠. 그런 부류는 우리에 대해 이야기하면서도 무가치한 소문으로 대화를 유도할 겁니다. 자신에게든 타인에게든 하등 도움이 되지 않는 대화는 인생 낭비예요.

제가 동료에게서 들은 가장 멋진 칭찬이 생각나네요. 바로 사우스캐롤라이나에 있는 장로회신학대학교 총창 윌리엄 P. 제이콥스William P. Jacobs 박사의 말이었습니다. 그 학교 교직원으로 일하는 동안 제이콥스 박사와 알게 되었죠. 6개월쯤 지났을 때 제이콥스 박사가 이렇게 말했습니다. "힐 선생, 내가 자네의 어떤 점을 가장 좋아하는지 아나?" 저는 말했습니다. "아니요, 총장님. 모르지만 궁금합니다." 제이콥스 박사가 말했습니다. "잡담을 하지 않는 거야." 저는 말했죠. "감사합니다. 가끔은 한다고 생각했는데요." 제이콥스 박사는 말했습니다. "그랬더라도 나는 한 번도 못 들어봤네."

언제나 관념적이거나 심오한 대화만 하라는 말은 아닙

니다. 하지만 소문이나 험담은 멀리해야 해요.

열네 번째 금기 사항은 개인과 사회의 잘못을 찾는 습관입니다. 어느 도시에서든 사회 밑바닥에 있는 빈민촌에 가면 이런 생각이 듭니다. 대통령은 대체 뭘 하고 있는 거지? 장관들은 뭘 하고? 미국 정부는 뭐가 문제야? 신은 대체 왜 이러지? 빈민촌에 가면 온갖 질문이 떠오릅니다. 하지만 누가 빈민촌에 살고 싶을까요? 저도 그곳은 지나치기조차 싫습니다. 거기 사는 사람들과 말을 섞기는 더더욱 싫고요. 인생에 의미를 잃은 사람들입니다. 타인과 환경에서 잘못을 찾으려 하고 아무도 자기를 좋아하지 않는다고 생각해요. 아마 그래서 빈민촌에 사는 거겠죠. 인생의 긍정적인 면을 보지 않으니까요.

마지막으로 열다섯 번째 금기는 자신과 의견이 다른 사람에게 도전하는 습관입니다. 의견이 맞지 않는다고 굳이 따질 필요는 없어요. 상대의 생각과 믿음을 조용히 들어주세요. 반박해야 할 직접적인 의무가 있다면 또 몰라도요. 만약 꼭 반박해야 한다면 부드러운 어조를 사용하세요.

자, 이제 어떻게 해야 호감 가는 성품을 기를 수 있는지 이해가 되셨기를 바랍니다. 해야 할 행동과 하지 말아야 할 행동을 여러 가지 알려드렸죠. 찬찬히 뜯어보면서 솔직하게 여러분의 점수를 매겨보세요. 의외의 결과에 놀라실 겁니다.

다음 장에서는 우주에서 가장 강력한 법칙인 놀라운 습관의 힘에 대해 알아보겠습니다.

제8장

놀라운 습관의 힘

이 책의 마지막을 장식할 주제는 바로 '놀라운 습관의 힘'입니다. 어쩐지 거창하게 들리겠지만 겁먹지 마세요. 이번 장이 끝나기 전까지 이 놀라운 습관의 힘이라는 원칙이 모든 성공 원칙 중에서 가장 중요하다는 사실을 모든 분에게 전하는 것이 제 목표입니다.

때는 『놓치고 싶지 않은 나의 꿈 나의 인생』을 출간한 직후였습니다. 전 세계 곳곳에서 책을 잘 읽었다는 편지와 전보가 쏟아져 들어왔어요. 셀 수 없이 많은 편지와 전보를 보고 저는 비서에게 그 책을 한 권 사오라고 했어요. 1년 반 전인가 탈고하고 나서는 읽어본 적이 없었거든요. 자리에 앉아서 책을 읽었습니다. 한 줄, 한 줄 꼼꼼하게 뜯어보았어요. 책을 읽으며 저는 본문이 아닌 맥락에서 지금부터 소개할 이 놀라운 주제를 발견했습니다. 놀라운 습관의 힘 말이에요.

『놓치고 싶지 않은 나의 꿈 나의 인생』을 비롯한 저서와 제 강연의 핵심 목표는 독자나 청중이 아직 알지 못하는 사실을 전하는 것이 아닙니다. 그보다는 그들의 마음을 움직여 이미 알고 있는 사실을 더 잘 활용하게 도우려 해요. 지금부터 하려는 이야기의 목표도 마찬가지입니다.

놀라운 습관의 힘을 활용하는 방법

놀라운 습관의 힘이란 모든 자연법칙이 어우러져 일부분을 구성하는 인생의 법칙을 말합니다. 여기에는 아주 중요한 요소가 세 가지 있습니다. 세 가지 요소 중 첫 번째는 제가 그동안 여러 차례 강조한 바 있지요. 자연은 인간 개개인에게 가장 가치 있는 능력을 내려주었습니다. 인간이 아닌 다른 생명체에게는 절대 허락되지 않은 능력이죠. 자신의 마음을 완전히 통제할 수 있는 권리는 인간만이 가지고 있습니다. 둘째, 자연은 인간이 자신의 마음을 통제하는 이 위대한 특권을 체계화하고 어디에든 활용할 수 있는 수단도 줬어요. 그 수단이 바로 놀라운 습관의 힘입니다. 셋째, 이 법칙을 활용하려면 기술,

계획, 방법이 있어야 합니다.

제 계획이 이 세상에서 가장 훌륭한지는 모르겠습니다. 하지만 제 일이나 인생에는 효과가 있었어요. 저는 이 방법을 '8인의 왕자'라 부릅니다.

첫 번째 왕자는 물질적 번영의 왕자입니다. 저는 여태껏 신분이 어떻든 돈 없이 성공한 인생을 사는 사람은 단 한 명도 보지 못했어요. 평균 이상의 삶을 누릴 수도 없다고 생각합니다. 아, 정정할게요. 돈도 군사력도 없고 제대로 된 옷 한 벌도 없으면서 한 국가에 자유를 가져온 사람이 한 명 있습니다. 마하트마 간디요. 간디는 돈이 아닌 개인의 힘으로 목표를 이뤘죠. 저라면 불가능했을 겁니다. 물질적 번영의 왕자는 제가 머릿속에서 창조한 모든 왕자들을 이끄는 역할을 합니다. 한번 확립되면 목표가 뭐든 자동으로 실행되는 놀라운 습관의 힘이라는 위대한 법칙을 선두에서 활용해요.

두 번째 왕자는 건강한 신체의 왕자입니다. 저는 하는 일의 특성상 항상 건강을 유지해야 해요. 모든 일에 엄청난 에너지를 쏟기 때문입니다. 특히 글을 쓰는 일에요. 영감을 받아 글을 쓰기 때문에 스스로 기운을 북돋아줘야 합니다. 기운이 떨어지면 지쳐버리기 쉽죠. 그래서 몸이 건강해야 합니다.

세 번째 왕자는 평온한 마음의 왕자입니다. 제가 오래 전에 배운 사실이 하나 있다면 걱정, 조바심, 두려움에 에너지를 낭비해봤자 아무 쓸모가 없다는 겁니다. 그래서 마음을 괴롭히는 사소한 문제를 버리고 평온한 상태를 유지하기 위해 평온한 마음의 왕자를 만들었어요. 평온한 마음의 왕자가 왜 그렇게 중요한지 깨닫게 된 계기도 있습니다. 언젠가 짧은 문장 하나를 읽었어요. '사람의 그릇은 번민이 적을수록 크다'라는 문장이었죠. 저는 사람을 괴롭히는 사소하고 하찮은 상황을 피할 수단을 내면에 마련하기로 결심했습니다.

다음으로 알아볼 8인의 왕자 두 명은 쌍둥이예요. 희망의 왕자와 믿음의 왕자입니다. 이들은 저를 지도하는 역할을 해요. 무엇을 해야 하고 무엇을 하지 말아야 하는지 알려줍니다. 고백하자면 항상 지시를 따르지는 않아요. 그럴 때면 보통 문제가 생겨 곤란해집니다.

다음의 두 왕자도 쌍둥이네요. 사랑의 왕자와 낭만의 왕자입니다. 이들은 제 몸과 마음을 젊게 유지해주기만 하면 됩니다. 요즘 저는 생일에 나이를 한 살 더하지 않고 한 살 빼고 있어요. 그래서 벌써 두 번째 유년기에 접어들고 있답니다.

8인의 왕자 중 가장 중요한 마지막 왕자는 종합적인

지혜의 왕자입니다. 종합적인 지혜의 왕자는 다른 일곱 왕자가 계속 저를 위해 일하도록 관리해줘요. 제 인생에 이득이 되는 모든 상황을 제게 연결해주는 일도 합니다.

여덟 왕자의 이름과 역할을 설명한 것은 제가 놀라운 습관의 힘을 어떤 방법으로 활용했는지 알려드리려는 이유에서였습니다. 놀라운 습관의 힘은 우리 삶에 존재하는 모든 습관의 중요성을 보여줘요. 습관이 형성되는 과정은 정말로 흥미롭습니다. 얼마 전 이런 글을 봤어요. "악惡이란 너무도 끔찍한 표정을 한 괴물이기에 보기만 해도 미워할 수밖에 없다. 그러나 너무 자주 봐서 그 얼굴에 익숙해지면 처음에는 참다가 이내 동정을 느끼고 종국에는 끌어안게 된다." 나쁜 습관도 그런 식으로 생깁니다. 한 번에 조금씩 커지는 거예요.

얼마 전 잡지에서 이번 장의 내용과 절묘하게 맞아떨어지는 글을 본 적이 있습니다. 글쓴이는 습관이 처음에는 거미줄과 같다고 했어요. 그러다 강력한 케이블 선이 되어 수많은 사람을 평생 속박한다고요. 참으로 흥미로우면서도 정곡을 찌르는 문장이죠?

지금부터 습관을 기르는 과정에서 반드시 염두해 두어야 할 법칙을 알아보려 합니다. 법칙이 적용되는 범위와 권한이 너무 방대해서 전반적인 과학을 모르면 이해하기 어려울 수도 있어요. 이 법칙의 이름은 '우주의 습관력'입니다. 한마디로, 우주와 우주가 지배하는 법칙을 움직이는 궁극적인 원칙이에요. 전 우주는 이 법칙으로 만든 습관에 따라 질서정연하게 평형을 유지하고 있습니다. 모든 생물과 모든 무생물의 입자도 이 법칙을 지키며 주변 환경의 패턴을 따르고 있어요. 인간이 행동하고 생각하는 습관도 그 안에 포함됩니다.

우주의 고정된 패턴을 몇 가지 알아볼까요? 우선, 별과 행성은 하늘에 확실한 위치가 정해져 있습니다. 우주 전체의 질서를 생각하면 감탄이 절로 나오지 않습니까? 패턴이, 그러니까 별과 행성의 패턴이 확실하게 고정되어 있기 때문에 천문학자는 두 개의 별이나 행성의 정확한 관계를 수백 년 앞서 예측하고 판단할 수 있습니다. 자연은 주먹구구로 어림짐작을 하지 않습니다. 모든 일을 명확한 방법으로 처리해요. 우주를 지배하는 법칙이 있고 그 법칙은 모든 개체에 적용됩니다.

우주의 습관력은 계절에서도 나타납니다. 계절이 규칙적으로 변화하기에 우리는 날씨가 어떨지 예상할 수 있습니다. 항상은 아니지만요.

우주의 습관력은 지구의 토양에서 싹을 틔우는 모든 식물이 성장하는 과정에서도 볼 수 있습니다. 모든 씨앗은 늘 같은 종자만을 재생산해요. 조그마한 벌레부터 현미경으로나 보이는 입자, 인간에 이르기까지 모든 생명체는 우주의 습관력을 지키며 번식합니다. 농부가 밀을 심은 곳에서 옥수수가 자라더라는 말을 들어보셨나요? 반대의 경우도 없습니다. 소나무를 심었는데 떡갈나무가 자랐다는 얘기도 존재할 리 없어요. 자연은 모든 것을 고정된 습관에 따라 명확하게 움직입니다. 그 습관은 절대 변하지 않습니다. 피할 수도, 막을 수도 없어요.

우주의 습관력은 물질의 화학작용에도 적용됩니다. 전자와 원자의 양성자 같은 미세한 입자도 하늘의 별에 존재하는 커다란 입자도 똑같아요. 모든 물질의 작용과 반작용은 우주의 고정된 습관을 기초로 합니다.

이 세상에 인간을 제외한 모든 생명체는 우리가 본능이라 부르는 것에 따라 수명과 작용·반작용 패턴이 명확하게 고정된 상태로 태어납니다. 고정된 패턴 없이 태어나는 존재는 인간이 유일해요. 인간은 우주의 습관력이라는 위대한 법칙에 스스로 적응해 자기만의 패턴을 만들고 실행할 수 있습니다. 하지만 궁극적으로는 이 법칙이 개인의 생각하는 습관을 지배합니다. 생각하는 습관은 긍정적이든 부정적이든 우주의 습관력에 의해 자동으로 굳어지고 영원히 변하지 않게 됩니다. 어떤 주제든 생각을 반복하면 생각의 패턴이 생기죠. 우주의 습관력은 이 패턴을 영원히 변하지 않는 상태로 만드는 거고요. 단, 개인의 의지로 패턴을 바꿀 수는 있습니다. 자기 의지로 정해진 패턴을 바꿀 수 있는 힘은 오직 인간만이 갖고 있어요.

놀라운 습관의 힘이 작용하는 과정

지금부터는 이렇게 멋진 선물을 실제로 활용하는 사례를 간단히 살펴보겠습니다. 우주의 습관력이라는 위대한 법칙을 최대한 활용하며 놀라운 습관의 힘을 기르려면 가장 먼저 어디에 초점을 맞춰야 하는지부터 알아봅시다.

여러분의 현재는 과거부터 축적해온 습관의 결과라고 할 수 있습니다. 습관이 꼭 의도적으로 만들어지지는 않아요. 그보다는 주변 상황이나 환경의 영향을 받아 굳어집니다. 앞에서 말씀드렸다시피 자연은 인간에게 마음을 통제하고 원하는 대로 마음먹을 수 있는 특권을 내려주었습니다. 뛰어나고 범상치 않은 사람이 아닌 이상, 보통 사람은 자연이 내려준 위대한 특권을 활용해본 경험이 없을 겁니다. 지금까지 온 마음을 완벽하게 지배해본 적이 없을 거예요. 그렇게 하면 엄청난 보상을, 반대의 경우에는 엄중한 처벌을 받는다는 사실도 아마 미처 몰랐을 겁니다.

자신의 마음을 지배하고 자신이 원하는 운명에 마음을 쏟기 위해서는 명확한 상황에 놀라운 습관의 힘을 적용해야 합니다. 이 원칙이 지난 시간에 알아본 다른 원칙들과 어떻게 맞아떨어지는지 귀담아들어주세요. 특히 명확한 목표에 집중해주시기 바랍니다. 왜냐하면 놀라운 습관의 힘을 가장 먼저 활용하면 좋은 대상이 바로 명확한 목표이기 때문입니다. 우선 명확한 핵심 목표를 정하고 혼자 생각을 해봅니다. 마치 다른 사람을 대하듯 잠재의식과 대화를 해보세요.

저는 이루고 싶은 인생 목표에 대해 8인의 왕자와 대화를 할 때 그들이 정말 존재하는 사람인 것처럼 대합니다. 남들이 있는 곳에서 큰 소리로 말하지는 않아요. 누군가가 관자놀이 부근에서 손가락을 빙빙 돌리며 "저기 또 멀쩡해 보이는데 미친 사람이 있군"이라고 말하는 걸 듣고 싶지 않거든요. 보통 8인의 왕자에게는 자기 전에 무언으로 지시를 내립니다. 돈 주고 고용한 하인을 대하듯 말을 걸어요. 너무 엄하게는 하지 않습니다. 그런 말투는 전혀 도움이 되지 않아요. 주로 필요한 일을 시키고 부탁을 들어줘서 고맙다고 미리 감사를 표현합니다. 이건 아주 중요한 과정이에요.

명확한 목표는 놀라운 습관의 힘이라는 위대한 법칙을 최대한 활용하는 법을 배우는 출발점입니다. 살면서 이루고 싶은 목표를 명확하게 그려보세요. 내가 어떤 사람이 되고 싶은지, 어느 곳에 가고 싶은지 상상해봅니다. 이 과정을 하루에 수백 번씩 마음속으로 반복하는 거예요. 그러면 언젠가는 놀라운 습관의 힘이 그 상상을 포착하고 곧 습관으로 만들어줍니다. 그렇게 된 후에는 어떤 상황에서 어떤 일을 해도 꿈꾸는 목표에 한 걸음, 한 걸음씩 가까워져요.

이 원칙은 핵심 목표나 인생 전체를 아우르는 목표, 대대적인 목표에만 국한되지 않습니다. 사소한 목표에도 적용할 수 있어요. 세상 사람 대부분은 명확한 목표 없이 살아갑니다. 가장 장애물이 적은 길을 따라 표류하고 있어요. 어항 속의 금붕어처럼 제자리를 빙글빙글 돌고 항상 출발한 자리에 빈손으로 돌아옵니다. 여기에 구체적인 증거가 필요한가요? 주변에 있는 가까운 사람들만 둘러봐도 그 말이 진실임 알 수 있습니다.

어떤 분야, 직종, 기업, 산업에서 두각을 드러내는 사람을 한번 살펴보세요. 그 사람은 명확한 핵심 목표를 세우고 그 목표를 행동으로 옮기는 데 대부분의 시간을 투자하고 있을 겁니다. 밥을 먹을 때도 잠을 잘 때도 머릿속에서 목표를 지우지 않아요. 목표를 생각하며 잠이 들고 역시 목표를 생각하며 잠에서 깹니다. 일할 때도 목표는 늘 곁에 있어요. 아주 가까운 동업자가 됩니다. 그렇게 해야만 놀라운 습관의 힘이 여러분의 목표를 확실히 인식하고 그 목표를 이룰 명확한 수단과 방법을 찾아줄 수 있어요.

우주에는 조화로운 이끌림의 법칙이라는 게 존재합니다. 비슷한 성질끼리 모인다는 의미입니다. 생각이 부정적인 사람은 마찬가지로 생각이 부정적인 사람을 끌어당겨요. 그 둘이 만나면 얼마나 자주 남의 험담을 할지 눈에 선하네요. 생각이 긍정적인 사람의 곁에는 수가 많지는 않아도 하나같이 긍정적인 생각을 하는 사람들이 있을 겁니다. 부정적인 사람은 이끌림을 느끼지 않아요. 이 법칙을 움직이는 힘이 바로 놀라운 습관의 힘입니다.

다음으로는 놀라운 습관의 힘을 이용해 명확한 일과를 정하고 건강 의식을 키워야 합니다. 그냥 건강해지고 싶다고 건강 의식이 생기지는 않아요. 누구나 건강해지기를 바란다고요? 죄송하지만 그건 아닙니다, 아니에요. 건강하지 못한 상태를 즐기는 사람들이 있습니다. 전문용어로 건강염려증 환자라고 하죠. 그래도 건강염려증 환자를 제외하면 대부분의 사람은 몸이 건강하기를 원합니다. 하지만 어떻게 해야 건강해지는지 잘 모르는 것 같아요.

건강한 신체를 원한다면 건강하다는 생각을 해야 합니다. 건강염려증 환자들처럼 온갖 병에 시달리고 있다는 상상은 그만합시다. 그 문제를 해결하세요. 하루를 시작하고 끝낼 때도 건강을 생각합니다. 저는 잠들기 전 침대 한쪽에 앉아 건강한 신체의 왕자에게 몸 상태를 좋게 유지해줘서 고맙다고 인사를 합니다. 어쩌다 아침에 일어나 머리가 아프면 즉시 기억을 되짚어 원인을 찾아요. 그 다음에는 건강한 신체의 왕자를 찾아가 원인을 해결해달라고 부탁합니다. 지금까지 왕자가 지시를 어긴 적은 없어요.

놀라운 습관의 힘은 긍정적인 마음가짐을 기르고 유지하는 데도 활용할 수 있습니다. 여러분, 인생의 모든 상황을 당신에게 맞춘다고 해서 긍정적인 마음가짐이 생기지는 않습니다. 이런 말을 하는 사람들이 있어요. "어휴, 오늘 어떤 사람을 만났는데 그 사람 때문에 어찌나 화가 나던지요." 제가 화를 내고 싶지 않은 이상, 다른 사람이 저를 화나게 할 수는 없습니다. 제게는 긍정적인 마음가짐을 유지하는 장치가 있기 때문이에요. 보통 사람이라면 짜증이나 화를 낼 법한 요소를 마음에서 없애버렸습니다. 저는 그것들에 반응하지 않아요. 아, 반응은 하죠. 애초에 없었던 일인 것처럼요. 그깟 문제는 긍정적인 마음가짐을 유지하는 장치를 결코 파괴하지 못합니다.

놀라운 습관의 힘 덕분에 제가 지난 14년 사이 어떻게 달라졌는지 알고 싶으신가요? 저는 놀라운 습관의 힘 법칙을 발견하고 활용하기 시작한 후로 제가 원하던 모든 것, 제가 할 수 있는 모든 것을 다 갖게 되었습니다. 마음이 평온해지고 몸은 건강해졌어요. 사람들에게 도움을 주고 책을 쓰고 강연을 하는 기쁨을 누리게 되었습니다. 그 전에도 지금처럼 성공에 관해 많은 사실을 알고 있었지만 마음이 평온하지는 않았어요. 건강하지도 않았습니다. 많은 것을 갖지도 못했고요. 긍정적인 마음가짐을 굳히고 항상 긍정적인 마음을 유지하는 명확한 방법을 발견하지 못했기 때문이었죠.

놀라운 습관의 힘은 개인의 재산 목록을 주기적으로 적어보는 습관에도 적용할 수 있습니다. 6개월 정도마다 한 번씩 모든 자산과 부채를 구체적으로 나열해보세요. 유형자산과 무형자산 모두요. 자신을 이해하고 부유해지고 마음의 평화를 찾고 싶다면 자산과 부채를 파악하고 있어야 합니다. 금전적인 자산과 부채만 이야기하는 게 아니에요. 은행에 넣을 수 있는 것보다 더 중요한 자산이 있습니다. 신에게 받은 엄청난 선물이 있잖아요. 내 마음을 내가 선택한 방식대로 사용할 수 있는 능력 말입니다. 내가 원하는 목표에 마음을 쏟고 그 목표를 이룰 것이라 확신하는 특권 말이에요. 저는 지금까지 내 마음의 주인은 나라는 사실을 발견하지 못하고 성공한 사람은 한 명도 보지 못했습니다. 성공한 사람은 모두 내가 이루고자 하는 목표에 전념할 수 있는 힘을 발견했어요.

저는 헨리 포드를 처음 만났을 때 깜짝 놀랐습니다. 그 전까지 관찰한 바로는 개성이 약하고 정규교육도 많이 받지 못한 사람이라는 인상이 강했거든요. 가끔 특이한 의견을 내세우기도 하고요. 그런 사람이 대체 어떻게 성공했는지 궁금했습니다. 그 의문은 포드 회장을 직접 만나고 해소되었어요. 포드 회장은 자신의 마음이 가진 힘을 우연히 발견했고 그 힘을 활용해 계획을 세웠던 겁니다. 이루고 싶은 목표에 마음을 쏟았어요. 한번은 포드 회장에게 무언가를 정말 진정으로 원했지만 갖지 못한 것이 있었느냐고 물었습니다. 포드 회장은 씩 웃으며 이렇게 대답했습니다. "네, 딱 한 번 있었습니다. 고등학생 때

한 빨간 머리 소녀를 아내로 맞이하고 싶었지만 다른 친구가 채갔죠.” 제가 “그게 끝인가요?”라고 묻자 포드 회장은 대답했습니다. “음, 네. 그게 끝이에요. 그것 말고는 원하면 다 가질 수 있었습니다.” 제가 또 물었어요. “항상 어려움 없이 원하는 걸 가지셨는지요?” 포드 회장은 “아니요, 그게 가능한 사람이 과연 있을까 싶은데요”라고 말하고는 이렇게 덧붙였습니다. “제게 어려움은 더 강해지는 수단일 뿐입니다. 어려움에 굴복하지 않을 때마다 다음에 같은 상황에 부딪히면 더 강해져 있었어요.”

에디슨 선생도 비슷한 말을 했습니다. 백화점 재벌 워너 메이커 회장도요. 제 성공 철학에 도움을 준 최소 400명에서 500명은 되는 미국의 위인들 모두 고난과 성공에 대해 비슷한 얘기를 들려주었습니다. 그들은 신이 내려준, 자신의 마음을 지배할 수 있는 인간의 위대한 특권을 알아봤어요. 그 힘을 사용해 자신이 선택한 생각의 패턴을 마음에 새겼습니다. 그렇게 하고 있으면 놀라운 습관의 힘이 패턴을 포착하고 생각의 패턴을 행동으로 옮길 수단과 방법을 알려주는 거예요.

놀라운 습관의 힘은 직장 일이든 전반적인 인간관계든 특별히 더 노력해야 한다는 원칙에 따라 습관을 만들 때도 개입합니다. 여러분, 추가로 노력해야 한다는 원칙을 이해하고 "그래, 그 말이 맞아"라고 말하는 것만으로는 부족합니다. 충분하지 않아요. 거의 모든 사람이 황금률을 믿죠. 하지만 어떤 사람은 남을 대접하고, 그것도 아주 지극정성으로 대접해야 상대도 나를 대접해준다는 의미로 해석합니다. 네, 결국 더 노력해야 한다는 믿음은 같아요. 하지만 성공 철학을 배운 사람은 그 원칙을 더 정직하고 공정하게 활용할 체계, 기술, 방법을 인식합니다. 지금 서 있는 그 자리에서 가장 적당한 상황을 찾고 그 원칙에 따라 움직이기 시작하세요. 보답으로 무엇을 받을지 생각하지 말고 일단 시작합니다.

제가 아는 성공 법칙 가운데 특별히 더 노력하라는 원칙만큼 다양한 보상을 돌려주는 원칙은 없습니다. 하지만 얼마나 받을지에 대한 생각은 그만하고 실제로 더 노력해야 해요. 계속 노력해야 합니다. 오늘 더 노력했으니 내일 보상을 받으리라 기대하시나요? 그건 오늘 밀을 심은 농부가 다음 날 수확을 한다고 콤바인을 끌고 나갔다가 밭을 보고 놀라는 꼴입니다. 농부라면 모종을 심고 수확물을 거둬들일 때까지 시간이 필요하다는 사실을 알죠. 더 열심히 노력해서 받는 보상에도 같은 원칙이 적용됩니다.

즉각적인 보상을 기대하지 않고 더 노력하는 습관을

들이면 조화로운 이끌림의 법칙, 증가하는 보답의 법칙이 내 편이 됩니다. 여러분에게 이로운 것, 여러분이 가장 원하는 것이 전혀 예상하지 못한 곳에서 보답으로 돌아오기 시작해요. 매일 특별히 더 노력하며 세운 생활 패턴을 놀라운 습관의 힘이 포착해 실행하기 때문입니다. 이 법칙은 그렇게 작용해요.

놀라운 습관의 힘 두 번째 이야기

앞에서 놀라운 습관의 힘을 실제 생활에 적용하는 방법을 설명했습니다. 이 법칙을 활용하면 시간을 더 효과적으로 분배하고 활용하는 습관도 생깁니다. 미루는 버릇을 정복할 수 있어요. 여러분도 알다시피 미루는 버릇은 모든 인류의 주적 아닙니까.

제가 청각장애를 갖고 태어난 둘째 아들 블레어 이야기를 들려드린 적 있죠? 블레어가 태어났을 때 산부인과 의사들은 아이가 평생 듣지도, 말하지도 못할 것이라 했습니다. 저는 그 말을 받아들일 수 없었어요. 처음부터 인정하지 않았고 지금까지도 인정하지 않습니다. 그래서 9년이라는 세월을 아들에게 매달렸습니다. 당시에는 존재하는지도 몰랐던 놀라운 습관의 힘을 이용한 결과, 자연은 제 아들의 청력을 정상 수준의 65퍼센트까지 끌어올려주었습니다. 그때 제 행동은 놀라운 습관의 힘 법칙만을 불러일으키지 않았습니다. 실행하는 믿음도 발동했어요. 저는 해낼 수 있다고 믿어야 했습니다. 그 문제에 생각을 집중해야 했어요. 저는 아들의 잠재의식을 통해 아들에게 지시를 내렸습니다.

　문제를 뒤로 미루지도 않았습니다. 해결되기를 기다리지 않았죠. 거의 3년은 매일 밤 아기 침대 옆에 앉아 아들의 잠재의식에 이렇게 전했습니다. 네가 평범한 사람처럼 소리를 들을 수 있게 자연이 어떤 형태로든 청력을 내려줄 거라고요. 수년 후, 블레어는 미국에서 가장 큰 보청기회사와 인연을 맺었습니다. 세계적인 청각 전문가 예닐곱 명이 블레어의 두개골 엑스레이를 수백 장 찍었어요. 그들은 제가 아들에게 한 심리치료가 자연을 움직였음을 확인해주었습니다. 두뇌 중심 부근에서 신경다발이 두개골 내벽으로 뻗어나갔던 겁니다. 그래서 블레어는 골전도(음파가 두개골에 전도되어 직접 내이에 전달되는 현상-옮긴이)를 통해 소리를 들을 수 있었던 거예요. 지금이야 골전도라는 이름으로 불리지만 당시에는 전혀 알려지지 않은 현상이었습니다.

저는 40년 가까이 이 철학을 연구하며 불가능이 가능으로 변하는 모습을 수도 없이 목격했습니다. 그래서 이제는 '불가능'이라는 말을 인정하지 않아요.

여러분, 자신의 마음을 진정으로 지배해야 합니다. 마음의 힘을 인식하고 놀라운 습관의 힘을 활용한다면 누구나 자신의 운명을 결정할 수 있어요. 이건 제가 배워서 깨달은 사실입니다.

우리는 자기 의사와 상관없이 영문도 모르고 이 세상에 태어났습니다. 세상을 떠날 때도 마찬가지고요. 하지만 사는 동안은 어마어마한 영역에 힘을 미칠 수 있습니다. 건설적으로든 파괴적으로든, 선의로든 악의로든 마음대로 자신의 마음을 이용할 수 있어요. 전부 개개인의 몫입니다. 성공도, 실패도 가능합니다. 하지만 성공하기 위해서는 마음의 힘을 인식하고 목표를 이룰 패턴을 정해야 해요. 그 패턴에 전념하고 있으면 놀라운 습관의 힘이 저절로 패턴을 포착하고 우주의 논리적인 결론에 따라 실행해줍니다.

제가 매일 밤 침대에 앉아 8인의 왕자라고 하는 눈에 보이지 않는 존재와 대화를 한다는 말이 우습게 들릴지도 모르겠습니다. 희한하고 비현실적인 말로 들릴 수도 있어요. 하지만 여러분, 제게는 효과가 있었습니다. 제 가르침을 받은 수백 명도 이 방법으로 효과를 봤어요. 그 정도면 대답이 됐다고 생각합니다.

저는 왕자들을 이끌 때 자신을 속이지 않습니다. 어차피 전부 제 마음속에서 만든 존재들인걸요. 하지만 제게 미치는 영향은 지극히 현실적입니다. 왕자들에게 요구 사항을 전달하면 거의 즉시 요구한 대로 움직여줘요.

많은 분이 아시겠지만 저는 40년 가까이 대중을 상대로 강연을 하며 전 세계 3분의 2에 달하는 이들에게 이름을 알렸습니다. 이 주제에 관해 설문조사를 했더니 이 시대를 사는 그 어떤 사람보다 제가 더 많은 도움을 줬다고 답변한 사람들도 있었습니다. 대단한 칭찬이죠. 놀라운 의견이에요. 다른 사람의 말이기는 하지만 저는 그 말이 사실이라고 믿습니다. 그럴 만한 이유가 있어요.

여러분, 제가 타인의 성공을 도울 수 있었던 이유는 제가 고안한 수단과 방법으로 스스로 성공을 이루어냈기 때문입니다. 그런 다음 제가 세운 공식을 누구나 이해할 수 있는 말로 요약했을 뿐이에요.

제가 설명하는 원칙이 생소하다는 이유만으로 효과를 의심하지 마세요. 여러분은 그 원칙들을 받아들이고 정확히 그대로 따르면 돼요. 수정은 금물입니다. 제가 말하는 대로 하고, 성과를 얻을 것이라 믿으며 실행하세요. 그렇게 하면 성공할 수 있습니다.

놀라운 습관의 힘은 외부의 부정적인 영향으로부터 자신을 보호하는 습관도 세워줍니다. 여러분, 혹시 아시는지요? 공기 중에 항상 전송되고 있는 모든 말, 영향력, 부정적인 생각에 마음을 활짝 열어두면 안 됩니다.

만약 제가 부정적인 발언에 휘둘리는 사람이었다면 패리스에 강연을 하러 오지도 않았을 겁니다. 살면서 많은 곳을 방문했지만 저에 관해 사실 무근의 소문을 지어낸 곳은 패리스뿐이었어요. 그런 소문은 제게 티끌만큼도 영향을 주지 않았습니다. 전혀요. 사람은 새로운 것을 접하면 의심부터 하는 본성을 지니고 있다는 걸 알았기 때문입니다. 마을에 새로운 사람이 나타나면 의심이 들기 마련이죠. 오히려 제가 왔을 때 아무도 의심하지 않았더라면 놀랐을 겁니다. 문제가 정말 심각하다고 생각했을 거예요.

놀라운 습관의 힘이라는 위대한 법칙은 외부의 모든 영향력에 면역력을 키울 수단과 방법도 마련해줍니다. 특히 부정적이고 상처를 줄 수 있는 영향력을 막아줘요. 진심으로 이 철학을 배우고 활용하는 방법을 익힌다면 비판이나 부정적인 말에 휘둘리지 않게 됩니다. 어느 정도 성공을 거둔 공인이라면 비판을 피할 수 없죠. 아주 오래전 비슷한 경험을 한 위인이 있었습니다. 그 이름은 예수 그리스도예요. 그가 받은 비판의 양에 비하면 제가 받는 비판은 아무것도 아닙니다.

세 개의 보호벽 전략

놀라운 습관의 힘을 활용해 사람들이 전파하는 부정적인 믿음과 생각에 휘둘리지 않는 방법은 아주 쉽게 익힐 수 있습니다. 제가 방법을 찾아냈거든요. 일명 세 개의 보호벽 전략입니다. 저는 제 주위에 아주 높고 넓은 벽을 세웠습니다. 누구든 저와 소통하고 싶다면 벽을 뛰어넘어야 해요. 라디오 방송을 제안하며 저를 패리스로 데려온 친구도 그 벽을 넘어야 했습니다. 그 친구는 가뿐히 벽을 넘었죠.

하지만 그러자마자 두 번째 벽과 마주했습니다. 폭은 좁아졌지만 높이는 더 높아진 두 번째 벽은 순순히 입장을 허락하지 않았어요. 제가 원하는 것이나 저와 공통점이 있는 것을 가져오지 않으면 두 번째 벽은 절대 넘지 못합니다. 그때쯤 되면 허가를 받은 사람이 소수밖에 남지 않아요. 어쨌든 그 친구는 벽을 향해 뛰었고 결과적으로 저를 이곳에 세웠습니다.

여기서 끝이 아닙니다. 두 번째 벽을 넘으면 곧바로 더 높은 벽이 나옵니다. 하늘만큼 높이 뻗은 그 벽은 그 친구는 물론 이 세상 누구도 넘은 적이 없어요. 제 아내조차 넘지 못했습니다. 저는 그 안에서 외부와 단절되어 오로지 무한한 지성하고만 소통합니다. 그 벽으로는 다른 누구와도 소통하지 않아요. 내면의 잠재의식에 도달하려는 모든 영향력은 세 번째 벽 앞에서 멈춰 서야 합니다. 넘어와도 좋다는 허락은 절대 떨어지지 않습니다.

저는 좋은 영향력을 주지 않는 사람과는 자발적으로 인연을 맺지 않습니다. 부정적인 영향만 주는 사람이 있으면 당장 관계를 끊어버려요. 누구든 상관없습니다. 장모님이나 가까운 친척이라 해도요. 정말로 가까운 친척과 연을 끊어야 하는 경우도 제법 많습니다.

놀라운 습관의 힘은 운명이 제시해준 목표를 이룰 수 있다는 믿음의 시스템도 개발해줍니다. 놀라운 사실 하나 알려드릴까요? 없는 게 없는 미국에서도 국민 98퍼센트는 원하는 것을 가질 수 없다고 생각합니다. 이렇게 풍요로운 세계에 살고 있으면서도 원하면 뭐든 가질 수 있는 능력을 믿지 않아요. 자신을 믿지 못하는 겁니다. 이렇듯 부족한 자신감은 실행하는 믿음으로 키울 수 있습니다. 그 사실을 진작 깨닫지 못했더라면 저는 6500만 명이 넘는 사람들의 사랑을 받지 못했을 겁니다. 이 책을 통해 여러분과 이야기하는 일도 없었을 거예요. 『나폴레온 힐 성공의 법칙』을 완성하지도 못했을 겁니다. 아니, 애초에 시작도 못 했겠죠. 앤드루 카네기 선생으로부터 개인의 성공에 관한 세계 최초의 실용철학을 정리해보라는 말을 들었을 때 저는 죽을 만큼 두려웠습니다. 그때 저는 '철학'이라는 말의 뜻도 몰랐어요.

하지만 저는 본래부터 믿음이 강한 사람이었습니다. 마인드컨트롤을 시작했어요. 마음의 준비를 시작했습니다. 카네기 선생이 할 수 있다고 했으니 나는 정말로 해낼 수 있다고 믿기 시작했습니다. 자, 그래서 어떻게 됐죠? 마침내 사람들이 비웃음과 손가락질을 거뒀습니다. 이 세상에서 가장 현명한 사람들도 제 철학을 받아들이고 활용하고 주변에 추천하고 있어요. 마하트마 간디라는 훌륭한 인물 덕분에 제 성공 철학은 인도에서도 많은 지지를 받고 있습니다. 성공 철학을 접한 간디가 출판권을 사서 책을 인도 전역에 배포했기 때문입니다. 그 안에 담긴 가치를 인정받은 덕분에 자연스럽게 전 세계 3분의 2까지 퍼져나갔어요.

이 성공 철학에는 실행하는 믿음으로만 발견할 수 있

는 무언가가 있습니다. 그것은 목표에 자신을 투영하고 가르치고 준비하는 저만의 시스템으로 알아볼 수 있어요. 여러분도 똑같이 해야 합니다. 인생은 영원한 학교입니다. 배움은 죽을 때까지 끝나지 않아요. 신은 우리에게 스스로의 마음을 사용할 수 있는 특권을 내려주었습니다. 이 위대한 특권을 최대한 활용하고 싶다면 매일이 수업이라는 사실을 깨달아야 해요. 내가 선생이자 학생이 되어 자연법칙에 대해 더 많이 공부하는 학교인 거죠. 아무리 학위가 많아도 자연법칙을 이해하고 활용하지 못한다면 절대 교양 있는 사람이 될 수 없습니다.

놀라운 습관의 힘은 원하는 것을 얻을 수단과 방법을 쉬지 않고 고민하는 습관도 만들어줍니다. 그래야 원하지 않는 문제에 시간을 낭비할 일이 없죠. 이 부분은 간과하기 쉬운 관계로 조금 더 자세히 설명하겠습니다.

여러분, 이 세상을 살아가는 대부분의 사람은 가난, 질병, 비판에 대한 두려움에 집중하고 있습니다. 사랑하는 사람을 잃을까 봐, 자유를 빼앗길까 봐, 나이가 들어서 죽을까 봐 두려워하고 있어요. 여기서는 일곱 가지만 언급했지만 시간이 충분하다면 더 많은 두려움을 나열할 수 있습니다. 이런 두려움은 대부분의 시간을 가로채고 용기를 빼앗습니다. 결국 사람은 자신의 마음을 움직일 수 있는 특권을 활용하지 못해요.

그들은 인생에서 무엇을 얻고 있는 걸까요? 마음을 괴롭히는 그 두려움을 얻습니다. 그것 말고는 아무것도 얻지 못해요. 여기에 일곱 가지 기본적인 두려움을 한 번도 느껴보지 못한 분은 없을 거예요. 우리는 자신의 마음을 통제할 수 있는 힘을 갖고 태어났습니다. 이 위대한 특권을 최대한 활용하고 싶다면 이 사실을 알아두세요. 두려움이 엄습한다면 그것은 기질의 어느 부분을 고쳐야 한다는 뜻입니다. 두려움은 육체적 고통과 비슷해요. 치료해야 할 문제가 있다는 표시죠.

육체적 고통은 자연이 사용하는 가장 놀라운 수단입니다. 모든 생명체가 이해하고 존중하는 보편적인 언어예요. 어떤 두려움으로 정신적 고통에 시달린다면 성격이나 기질에 무언가가 잘못 들어왔으니 찾아서 제거해야 한다는 의미입니다. 여러분, 두려움은 저절로 사라지지 않습니다. 여러분이 직접 없애야 해요. 원인을 찾고 그 원인을 제거할 계획을 세워야 합니다.

놀라운 습관의 힘이 만들어주는 막강한 능력

놀라운 습관의 힘은 성욕을 인생의 핵심 목표를 이끄는 창조적인 습관으로 변화시킬 수도 있습니다. 남녀가 같이 있는 자리에서 '섹스'라는 말을 언급조차 할 수 없던 시절이 떠오르네요. 물론 성욕이라는 강력한 감정은 모든 종種이 영원히 지속하도록 하는 자연의 창조적인 장치죠. 하지만 법조인, 의사, 작가, 대중연설가, 예술가 등 분야를 막론하고 성공한 사람들은 성욕이 인생의 핵심 목표에 건설적으로 작용하도록 그 방향으로 바꾸는 방법을 익혔습니다. 주제 특성상 어린 친구들이 민망해할까 봐 더 자세히는 말씀드리지 못하겠네요. 하지만 성인이라면 누구나 놀라운 습관의 힘을 활용해 성욕이라는 강력한 감정을 원하는 인생 목표로 바꿀 수 있음을 아셔야 합니다.

놀라운 습관의 힘은 한 명 이상과 마스터마인드 동맹을 맺을 때도 활용됩니다. 운명을 개척하는 데 타인의 도움은 없어서는 안 될 요소입니다. 마스터마인드 동맹을 통해 도움을 받으면 그 사람의 가르침, 인격, 특수한 지식, 경험, 정신력을 빌릴 수 있어요. 지역 안에서도 원하는 목표를 이루기 위해 마스터마인드 동맹을 만들 수 있습니다. 모든 분들이 그 기회를 이용하시면 좋겠어요. 혼자서는 작은 성과밖에 내지 못합니다. 인생을 빛내는 더 대단한 성공, 더 크고 가치 있는 성공은 두 개 이상의 마음이 만나 우정과 완벽한 조화의 정신으로 합력했을 때 찾아오는 법이에요.

성경을 공부하는 분들은 성경 곳곳에 나오는 내용에 익숙하실 겁니다. 두 명 이상의 사람이 모이면 주 예수 그리스도의 이름으로 무언가를 얻으려 할 때 이용할 수 있는 힘이 생긴다고 나와 있습니다. 그러한 성경 내용은 제가 마스터마인드 원칙을 설명할 때 언급한 이야기와 그 맥락이 같습니다. 두 개 이상의 마음이 조화의 정신으로 만나 명확한 목표를 달성하는 방향으로 향하면 하나로 모인 마음에서 보이지는 않지만 분명한 힘이 탄생한다는 겁니다. 이 힘은 인간이라면 누구나 이용할 수 있어요. 일이나 사업에서 독보적인 성공을 이룬 사람은 하나도 빠짐없이 마스터마인드 원칙을 적용했습니다.

놀라운 습관의 힘은 다른 사람을 절대 욕하지 않는 습관도 길러줍니다. 아무리 그런 말을 들어야 마땅한 사람이어도 입을 다무세요. 꼭 누구를 욕해야겠거든 말로 하지 말고 글로 씁니다. 글을 써도 바닷가의 모래사장에만 쓰고요. 파도가 밀려들어 글씨가 사라지기 전까지는 자리를 뜨지 마세요. 남을 욕하는 행동은 옳지 않습니다. 저를 욕했던 일부 패리스 주민들처럼 모르는 사람을 욕하는 행동은 더더욱 옳지 않아요. 저는 그래도 아프지 않았습니다. 상처받지 않았어요. 무섭지도, 겁나지도 않습니다. 원망하는 마음도 없어요. 안타까울 뿐이죠. 인생의 위대한 법칙을 배우지 못하니 얼마나 불쌍한가요. 그들은 비난을 받아야 마땅한 사람이라도 그를 비난하면 스스로도 다친다는 사실을 배우지 못했습니다.

그러는 저는 완벽하냐고요? 저는 언제나 그 원칙을 지켰을까요? 대답은 '아니요'입니다. 당연히 아니죠. 하지만 한 가지 말씀드리자면, 저는 원칙을 어기고 누군가를 비난할 때마다 슬픔을 느끼는 대가를 치러야 했습니다. 다른 사람에게 할 수 있는 좋은 말과 행동은 넘쳐납니다. 굳이 나쁜 말을 찾을 의무는 없어요. 하지만 많은 사람이 그렇게 하죠. 그런 실수를 피하려면 스스로를 통제하는 장치가 필요합니다. 입은 굳게 닫고 눈과 귀를 활짝 열어두는 좋은 습관을 들이세요. 그러면 우주의 습관력이 그 습관을 포착해 저절로 실행해줄 테니까요. 누구든 이 방법으로 성공에 가까워질 수 있습니다.

놀라운 습관의 힘은 매일 기도를 하는 습관에도 활용할 수 있습니다. 기도 시간에는 그날 받은 축복의 명칭을 하나씩 언급하며 감사함을 표현합니다. 축복의 명칭은 여러분이 원하는 대로 붙일 수 있어요. 저와 여러분의 축복 목록이 같지는 않겠지만 저마다 축복을 받는다는 건 확실합니다. 지금 이 책을 읽고 있는 모든 분은 한 가지 축복을 받고 있어요. 지금은 그것밖에 생각나지 않네요. 여러분 모두 건강하다는 축복을 누리고 있습니다. 여기까지 읽으셨고, 그동안 잠들지 않았어요. 힘들어서 읽기를 그만둔 분도 없었습니다. 제가 말하는 진실이 자기 생각과 맞지 않는다고 화를 내며 책을 집어던진 분도 없었죠. 그러니 감사해야 할 축복이 적어도 하나씩은 있는 셈이에요.

여러분, 무한함과 조화를 이루지 않고서는 성공할 수 없고 마음이 평온해질 수도 없습니다. 이건 당연한 결과예요. 모든 것을 지배하는 위대한 원칙, 그러니까 무한한 지성에 어우러질 수단과 방법을 찾아야 해요. 원한다면 다른 이름으로 불러도 좋습니다. 하지만 이름이 달라진다 해도 제가 하려는 말은 달라지지 않을 겁니다.

여러분이 원하는 습관을 기르는 명확한 수단과 방법은 존재합니다. 신은 인간이 자신의 마음을 원하는 대로 사용할 수 있는 엄청난 권력을 주면서도 사용 방법은 알려주지 않았죠. 앞으로도 그런 일은 없을 거예요. 사용 방법은 여러분이 직접 찾아야 합니다. 실수를 하면 벌을 받습니다. 올바른 방향으로 생각하고 자연의 위대한 법칙에 적응하면 보상이 뒤따르고요. 보상을 놓친다면 다른 사람의 탓이 아니고 전부 여러분 본인의 책임입니다.

놀라운 습관의 힘은 이 강연에서 배운 철학을 다른 이들에게 가르칠 계획을 세우는 데도 활용할 수 있습니다. 우선 집이나 회사, 동네에서 가장 가까운 사람부터 가르쳐보세요. 가는 게 있으면 오는 게 있는 법입니다. 무엇을 베풀든 보답은 반드시 돌아와요. 다른 방법으로는 이 철학을 정복할 수 없습니다. 다른 이에게 지혜를 나누기 전까지는 절대 불가능해요. 그 점을 꼭 기억하셔야 합니다. 잘 가르칠 필요도 없고, 언변이 없어도 괜찮아요. 여러분은 이 철학이 정확하다는 사실을 아는 사람입니다. 그런 사람으로서 성공 철학을 배워야 할 사람에게 지식을 전하면 그만입니다. 주위를 둘러보면 인생 철학의 도움이 필요한 사람이 여럿 보일 겁니다. 특히 긍정적인 마음가짐에 대한 이야기를 전해주세요.

마지막으로 이 사실을 기억하기 바랍니다. 우리의 마음은 모든 상상과 믿음을 성취할 수 있다는 사실을요. 잊지 않게 메모를 하세요. 고급 종이에 2~3센티미터 크기의 글씨로 적어두는 겁니다. 글씨를 예쁘게 쓰는 사람을 고용해서 맡겨도 좋고요. 카드로 서너 장 만들어도 좋죠. 매일 눈으로 볼 수 있게 욕실에 둡시다. 다른 한 장은 식당에 놓고 아침 식사를 할 때마다 보세요. 또 다른 한 장은 밤에 잠을 자는 침실에 둡니다. 마음은 믿고 상상하는 모든 것을 이룰 수 있습니다.

어떻게 그 말이 진실일 수 있을까요? 여러분이 어떤 상상을 하고 그걸 믿고 마음속에 명확한 그림을 그리면, 그림을 넘겨받은 놀라운 습관의 힘은 그 그림을 현실로 바꿔줍니다. 그렇기 때문에 진실이라는 겁니다. 마음속으로 인생의 성공을 분명하게 표현하는 밑그림을 그리고 그림에 마음을 집중하면 놀라운 결과가 펼쳐집니다. 그동안 간절히 원했고 손에 넣으려 노력했지만 결국 얻지 못한 많은 것이 여러분의 품에 들어올 거예요.

강은 자연의 계획에 따라 장애물이 가장 적은 길을 따릅니다. 굽은 강이 만들어낸 비옥한 삼각지는 강이 곧바로 바다로 흘러들었다면 존재하지 않았겠죠. 모든 강은 장애물이 가장 적은 길을 따라 흘러야 마땅합니다. 하지만 자연은 인간에게 같은 길을 계획하지 않았어요. 안타깝게도 그 길을 밟은 사람들은 후회로 괴로워합니다. 이리저리 방황하고 표류해서는 성공할 수 없어요. 놀라운 습관의 힘을 이용해 성공으로 가는 좁은 직선 길을 택해야 합니다. 이 길을 택하지 않은 사람은 무조건 실패해요.

여러분, 제가 지금까지 강 이야기를 자주 했죠? 어쩌면 아름다운 솔트강에서 아이디어를 얻었는지도 모르겠습니다. 미시시피강으로 흐르는 솔트강의 세 갈래 지류 중 반짝이는 미들솔트는 패리스를 지나갑니다. 완만한 각도로 꺾이고 휘어지며 비옥한 농지를 만들었어요. 그곳은 낚시와 소풍을 하기에도 좋습니다. 여러분, 강이 주는 선물을 누리되 강과 같은 길을 따르지는 마십시오. 인생의 직선 길에서 선두로 나아가려면, 목적과 계획을 습관으로 끌어안아야 합니다. 습관은 여러분을 원하는 목적지로 곧장 데려다줄 거예요.

여러분이 제 이야기를 듣고 시련을 극복하고 성공과 행복의 길을 찾기를 간절히 희망합니다.

옮긴이 유혜인

경희대학교 사회과학부를 졸업했다. 글밥아카데미 출판번역 과정을 수료하고 현재 바른번역에서 영어 번역가로 활동 중이다. 옮긴 책으로는 『나는 상처받지 않기로 했다』『나는 오늘부터 달라지기로 결심했다』『정신 차리기 기술』『봉제인형 살인사건』『인 어 다크, 다크 우드』『우먼 인 캐빈 10』『나는 스쿨버스 운전사입니다』 등이 있다.

나폴레온 힐의 마지막 인생 강의
여덟 가지 삶의 태도

초판 1쇄 발행 2019년 10월 31일
초판 3쇄 발행 2021년 10월 29일

지은이 나폴레온 힐
옮긴이 유혜인
펴낸이 유정연

이사 임충진 김귀분
기획편집 신성식 조현주 김수진 심설아 김경애 이가람 **디자인** 안수진 김소진
마케팅 이석원 박중혁 정문희 김예은 **제작** 임정호 **경영지원** 박소영

펴낸곳 흐름출판(주) **출판등록** 제313-2003-199호(2003년 5월 28일)
주소 서울시 마포구 월드컵북로5길 48-9(서교동)
전화 (02)325-4944 **팩스** (02)325-4945 **이메일** book@hbooks.co.kr
홈페이지 http://www.hbooks.co.kr **블로그** blog.naver.com/nextwave7
출력·인쇄·제본 (주)상지사 **용지** 월드페이퍼(주) **후가공** (주)이지앤비(특허 제10-1081185호)

ISBN 978-89-6596-348-6 03190